告别野蛮生长

自媒体合规运营法律指南

武杰 吴迪 著

中国法制出版社
CHINA LEGAL PUBLISHING HOUSE

前言一

PREFACE I

大家好，很高兴能以这种方式和大家见面！

我和武杰律师都是在自媒体上较为活跃的法律博主，早年在微信公众号上发表过若干文章，后来借助法律专业知识和工作经验，在新浪微博撰写发表博文，对自媒体的运营都颇有心得。在业余时间，我们经常收到粉丝朋友发来的私信咨询，特别是随着自媒体行业的蓬勃发展，各式各样与自媒体运营相关的法律问题不断出现。我们在运营自媒体和解答粉丝朋友的提问中，收集、积累了诸多自媒体运营相关的法律问题，并系统整理了若干解决方案。

随着处理的法律问题越来越多，我们也开始思考，如何能更高效、更广泛地把自媒体运营的常识性法律经验分享给更多的从业者。恰好此时，中国法制出版社成知博老师主动与我们取得联系，经过连续多个深夜电话会的讨论和酝酿，终于构思好了这本书的大致轮廓。

本书从民事侵权、民事合同、劳动关系、知识产权、行政监管、刑事犯罪六个维度，围绕自媒体及其从业人员的运营痛点，以问题为导向，按照情景案例、法律分析、法律依据的体例展开，力求以通俗易懂的案例和简洁精准的法律分析，帮助非法律专业人士透析规则、解决问题。

从阅读和使用的角度，我们更倾向于将本书定位为“便携手册”。大家可以利用日常零碎时间随手翻一翻，脑子里留一个印象，说不定哪天就用上了！或者某天遇到了法律问题，到这本“便携手册”上找一找，或许就能找到答案！形式应服务于实质，我们希望通过一目了然的编排方式，为自媒体从业人员提供一个合规运营的法律视角，让自媒体相关法律常识尽可能广泛地普及，使得整个行业生态更加清朗。

为方便大家阅读和使用，在此说明以下三点：第一，本书中的情景案例大部分都源自真实的法院案例，但出于保护隐私的考量，在保证案情准确、不影响阅读的前提下，对相应人物和情节做了隐名和变通处理。第二，每个案件的处理结论取决于该案的事实和证据，裁判结果出现差异在所难免，所以本书所述仅为作者观点，不能代替具体案件的法律建议。第三，随着法律的修改和司法实践的探索，文中的部分观点可能会因此不再具有代表性，我们会持续关注这一领域，对相应内容及时更新。因为作者视野有限，难免挂一漏万，如果有新的问题，欢迎大家与我们讨论，不当之处也请大家不吝赐教。

感谢本书的编辑成知博老师，在本书的写作、出版过程中，成老师提供了诸多有益帮助和中肯建议，我们也因此成为非常好的朋友。曾经在写作的瓶颈期，我问过成老师，法律博主那么多，为什么会选中我们？成老师说，在联系我们之前，她看完了我们全部的微博，觉得我们不仅在用心地生活、工作和写作，更是有血有肉有趣的人。

不得不说，和武律师、成老师的合作是愉快又充满收获的。其实自媒体的运营也一样，归根结底，还是人，不过是一朵云推动另一朵云，一个人吸引了另一个同频的人。

祝愿大家身体安康，生活幸福，事业顺利。

吴迪

2022年6月

于北京

前言二
PREFACE II

大家好，我是武杰——一名律师，也是“随大流”玩点自媒体，同时爱对自媒体做点研究的芸芸众生之一。当然，出于职业原因，我主要研究的还是法律方面，本书也算是一个小小的研究成果。

我与另一位作者吴迪律师以及编辑成知博老师的相识缘于自媒体，我们共同讨论、并肩码字，终于形成了这本关于自媒体的小书。

微信公众号、微博博主、短视频UP主、网络主播……每一个在网络平台上发出声音、分享观点、传递信息的主体，都是自媒体。而在当下几乎人手一部智能手机的移动互联网时代，如果说人人都是自媒体，可能亦不为过。

说回我自己。作为一名律师，我的主要工作是处理各种法律纠纷，以及解答各类法律问题。作为一名法律博主，我的日常操作是“蹭蹭热点普普法，发发微博吃吃瓜”。而在日常普法的过程中，我发现与自媒体相关的法律问题越来越多。某账号造谣被封，某大V侵权被告，某主播逃税被罚，某网红诈骗被抓……越来越多关于自媒体从业者的法治新闻在昭示着，自媒体行业正在蓬勃发展，却也在野蛮生长。

这就是我们创作本书的初衷。

任何一个行业的有序发展，都离不开法律；任何一个领域的健康成长，都离不开合规。这本书里，我们从民事侵权、民事合同、劳动关系、知识产权、行政监管和刑事犯罪六大方面切入，从一个个真实的案例中，还原自媒体从业者的创作场景及常见问题，并对其中所涉法律问题尝试做粗浅但实用的法律分析。如果某位读者能够在阅读本书之后，对某个案例、某个场景、某个法律常识，有了些许印象甚至不同的理解，那是我们作为作者的荣幸。

必须说明的是，如同世界上没有两片完全相同的树叶，世界上也没有两个事实和证据完全相同的案例。本书在“就事论事”的基础上，力求抽象出案例的核心争议焦点，并提出具有普遍性的法律建议。但是，基于生活的复杂和多样性，每一个具体的案件都需要具体问题具体分析，其法律适用也不能一概而论。因此，如果大家在自媒体运营中遇到了与书中的某个案例或者某个场景类似的情况，本书相关的法律分析旨在提供可能的解决思路，而非确定的解决办法。

在这本小书中，我们分享的仅仅是个人观点，因视野和阅历所限，其中的许多分析难免粗浅。但我们也希望能获得更多同行或自媒体从业者的批评指正，使我们能够不断学习，继续进步。

最后，再次感谢吴迪律师的一路同行，感谢成知博老师一以贯之的关心、帮助，以及坚持不懈的催稿。可以说，没有成老师，就没有这本书，更没有这篇前言。感激不尽！

千催万促总难产，犹自厚颜说感谢。

祝大家总能开心！

武杰

2022年6月

于广州

目录

CONTENTS

第一章　民事侵权

第二章　民事合同

第三章　劳动关系

第四章 知识产权

第五章　行政监管

第六章　刑事犯罪

CHAPTER I

第一章

民事侵权

什么样的言论会被认定为侵犯名誉权?

以案释法

主播董某因与另一名主播刘某发生争执，便在直播中发布了带有人身攻击性质的言论，并发动粉丝将刘某驱逐出直播平台。董某发布的相关微博总计获得点赞数过万、评论数过千，亦有部分网友通过私信向刘某发送了带有贬损性的过激言论。

刘某遂诉至法院，要求被告董某赔偿经济损失和精神抚慰金以及其为维权所支出的公证费、律师费等100余万元，并承担心理咨询康复费用以及对案涉行为导致的100万元投资被延期的经济损失，同时要求被告在其微博账号公开发表30天的置顶微博赔礼道歉，以消除影响、恢复名誉。

被告董某辩称，自己是一名博主和主播，经常会在网上针对社会事件、自身经历发表一些意见、评价，尤其在碰到一些严重不良现象或违背基本人伦道德的行为时，会用讽刺、批判甚至刻薄的语言发表自己的观点，但从没有捏造事实诽谤他人或故意侮辱他人人格的行为。

法院审理后认为，被告的行为构成对原告名誉权的侵犯，判令被告赔礼道歉，并支付精神抚慰金及律师费等合理开支10万余元；对于心理咨询康复费用以及100万元投资被延期的经济损失，因并未证明与被告的侵权行为存在直接因果关系，未予支持。

学法用法

网络用户在网络空间发表言论属公民表达言论自由的方式之一，但是不得对事实进行捏造、歪曲、夸大，也不得借机侮辱、诽谤。根据法律规定，认定侵犯名誉权一般需要满足以下四个条件：

1. 行为人实施了诽谤、侮辱、诋毁等违法行为。这种诽谤、侮辱、诋毁行为针对的应当是特定的对象。

2. 有损害事实。损害事实通常表现为被侵权人的社会评价降低以及因此产生的直接经济损失。

3. 行为人有主观过错。主观过错是指行为人是否具有侵犯他人名誉权的故意和过失，根据行为人的职业、影响力及言论的发布和传播方式等因素的不同，行为人所负的注意义务程度也不同。

4. 侵权行为与损害后果存在因果关系。被侵权人社会评价降低或者遭受经济损失应当与行为人捏造、歪曲、夸大事实，或者诽谤、侮辱、诋毁行为有因果关系。

在上述案例中，被告在微博和直播中针对原告使用的言语，带有明显的人身攻击性质，且被告作为粉丝数量较多的主播和博主，其行为造成诸多网络用户对原告产生误解甚至直接到原告的微博或者直播间中对原告发表带有偏见或者侮辱性的言论，在客观上已经对原告的生活和工作造成了困扰，势必导致其社会评价的降低，应当认定被告的行为构成对原告名誉权的侵犯。但由于原告不能证明心理咨询康复费用以及100万元投资款的延期与侵权行为有因果关系，故法院对这部分请求未予支持。

除此之外，还有两种常见情形也非常容易侵犯他人名誉权：第一种是未经他人同意，擅自公布他人的隐私材料或以书面、口头形式宣扬他人隐私，致使他人名誉受到损害；第二种是因新闻报道严重失实，致使他人名誉受到损害。

从法律风险防范的角度来讲，拥有大量粉丝的知名主播、博主等网络红人因为具有较大的舆论影响力，所以负有更高的注意义务，无论是进行网络评论，还是因为误会和矛盾与他人产生争论，都更应当注意文明用语，坚持就事论事，避免人身攻击。除此之外，知名主播、博主等网络红人也要妥善处理与粉丝之间的关系，不能利用粉丝的喜爱怂恿粉丝对他人发起人身攻击，而是要尽量引导粉丝理智行事，依法维权。

法律依据

《中华人民共和国民法典》

第一千零二十四条　民事主体享有名誉权。任何组织或者个人不得以侮辱、诽谤等方式侵害他人的名誉权。

名誉是对民事主体的品德、声望、才能、信用等的社会评价。

第一千零二十五条　行为人为公共利益实施新闻报道、舆论监督等行为，影响他人名誉的，不承担民事责任，但是有下列情形之一的除外：

（一）捏造、歪曲事实；

（二）对他人提供的严重失实内容未尽到合理核实义务；

（三）使用侮辱性言辞等贬损他人名誉。

《广播电视和网络视听领域经纪机构管理办法》

第二条第一款　本办法所称广播电视和网络视听领域经纪机构，是指依法设立的为参与广播电视和网络视听节目的演员、嘉宾、主持人、网络主播等人员，提供签约、推广、代理等相关活动的机构。

第十三条　广播电视和网络视听领域经纪机构、经纪人员应当严格规范信息发布，不得发布或者雇佣营销号发布引发粉丝互撕、拉踩引战等有害信息，不得以打赏排名、刷量控评、虚构事实、造谣攻击等方式进行炒作，不得以虚假消费、带头打赏、应援集资等方式诱导粉丝消费。

个人照片未经许可被用作商业宣传怎么办？

以案释法

璐璐是一名网络红人，具有一定的知名度。某从事医疗美容业务的公司为了推广业务，拍摄了一系列短视频，其中一条短视频对璐璐各年龄段的照片进行了对比，在视频中得出了璐璐几次整容的结论，并且称璐璐的整形并不成功，甚至个别地方还很失败，主要是因为微整方案和技术不够好。其后，该公司顺势对自己公司的技术和业绩进行了重点介绍，罗列了过往的经典案例，并且在视频结尾还把“整形案例、手术直播、医美知识、变美秘籍、医美行业第一新媒体”等字样打在了屏幕上，落款是该公司的名字。

后来，经朋友提示，璐璐看到了该公司的该条视频，非常气愤。璐璐认为该公司将她的照片用作商业宣传，侵犯了她的肖像权，要求该公司赔礼道歉、赔偿损失。

学法用法

这种借名人、网红热度进行商业宣传的行为十分普遍，很多影视演员都不堪其扰。比如有影城用某演员在影视作品中的独特坐姿推广该影城新添置的沙发，突出强调其舒适度；有汽车销售公司用某些形象硬朗的影视演员的照片来体现所销售汽车的特点，并且在文章末尾植入产品图片、销售热线、地址等商业宣传信息；还有人通过发布明星整容等吸人眼球的文章，先提高阅读量，然后在文章末尾放上其他课程推广链接。这些情形都被法院判决认定为侵权，需要依法承担赔礼道歉、赔偿损失的法律责任。随着短视频和直播行业的发展，这种侵权行为有时也以短视频和直播等形式为媒介。

但是，无论形式如何变化，这种未经许可将个人照片商用，都不影响侵犯肖像权的违法性的认定。未经他人许可，使用他人具有明确的可识别性和可辨认性的个人照片，应当依法承担侵权责任。被侵权人可以依法要求侵权人停止侵犯肖像权的行为，赔礼道歉并赔偿损失，采取积极举措消除影响。因侵权致人精神损害，造成严重后果的，除要求侵权人承担停止侵害、恢复名誉、消除影响、赔礼道歉等民事责任外，还可以主张侵权人赔偿相应的精神损害抚慰金。

发现自己的肖像权遭受侵犯，应主动拿起法律的武器，主张侵权人依法承担相应民事责任。具体维权流程可以简化如下：

1. 固定侵权事实。例如，可以将侵权的网页或媒体内容进行公证或区块链存证。目前互联网法院也提供了天平链这一证据保全工具，不仅省去了现场公证的费用，使用起来也很方便，操作规范的话，是一种不错的证据保全方式，笔者就曾在诉讼中使用过时间戳存证的方式对网页进行取证。如果不确定是否操作得当，选择公证机构公证是较为保险的方法。

2. 确定侵权人。确定侵权信息发布主体，对于微信公众号、微博等可以查看其注册主体信息并进行存证。如果查看后发现账号都是网络昵称而非实名，可以要求平台提供实名注册信息；平台不提供的，可以将平台作为共同被告提起诉讼。

3. 要求删除或协商解决。在做好充分的证据收集后，可以提供侵权证据要求平台进行删除或断开链接，也可以与侵权人沟通，要求其停止侵害、赔礼道歉、赔偿损失，这种沟通可以由双方直接进行，也可以委托律师发送律师函。

4. 提起诉讼。如果无法协商解决，可以向人民法院提起诉讼，同时可以保留好沟通协商的记录，用以证明侵权人的主观恶意。

法律依据

《中华人民共和国民法典》

第一千零一十八条 自然人享有肖像权，有权依法制作、使用、公开或者许可他人使用自己的肖像。

肖像是通过影像、雕塑、绘画等方式在一定载体上所反映的特定自然人可以被识别的外部形象。

第一千零一十九条 任何组织或者个人不得以丑化、污损，或者利用信息技术手段伪造等方式侵害他人的肖像权。未经肖像权人同意，不得制作、使用、公开肖像权人的肖像，但是法律另有规定的除外。

未经肖像权人同意，肖像作品权利人不得以发表、复制、发行、出租、展览等方式使用或者公开肖像权人的肖像。

街拍视频拍到路人面孔，是否侵犯路人的肖像权？

以案释法

小王组建了一支短视频直播团队，主要制作街拍类内容，包括一些街头访谈和有脚本的街头表演，再将拍摄的内容发布在各个短视频平台上，或者直接在直播平台进行直播，直播后再将录播视频切片，上传至各视频平台，进行二次传播。

由于话题和脚本生动有趣，小王制作的内容很快点燃了网络，获得了广泛传播，也获得了不少平台的流量和现金奖励。但好景不长，发布了几期之后，小王就接到了投诉。原来小王团队在拍摄某条视频时，比较清晰地拍摄到了周围路人的面孔，其中就包括投诉人。由于该条视频的点击量较大，画面中的投诉人被家人朋友看到，给投诉人的生活带来不便，因此投诉人主张小王团队未经许可拍摄其人脸，侵犯了其肖像权，应当对此进行赔偿。

学法用法

随着自媒体和直播平台的发展，街拍类内容越来越多，从一开始的街拍照片，到后来的街拍视频和街拍直播，在街头寻求灵感的创作者越来越多。广泛分布的核心商圈和商业街又有着人流量集中且流动性大的天然优势，使得街拍素材看起来仿佛源源不断，像是一个非常好的创作模式。但实际上，这种创作模式存在极大的侵权隐患，因为在现实街头拍摄中，故意的也好，无意的也罢，都不可避免地经常有路人入镜，如果没有经过被拍摄对象的允许，则极易侵犯被拍摄对象的肖像权。成都太古里就因为街拍泛滥，特别树立标识牌，提醒路人“提高防范意识，保护个人肖像权”。

根据《民法典》第1019条规定，未经肖像权人同意，不得制作、使用、公开肖像权人的肖像。此处并未限定“用于商业目的”，也就是说，只要没有征得肖像权人同意，自行制作、使用、公开肖像权人肖像的行为，就属于侵犯肖像权。

因此，为了防范侵犯肖像权的风险，在拍摄人物较多、不凸显某个特定人物时，不要把被拍摄者的脸部清晰呈现出来，以降低人物识别性。在拍摄人物较少时，可以提前和被拍摄者沟通，充分介绍，消除被拍摄者的顾虑，征得其同意后再进行拍摄。但如果拍摄目的就是通过抓拍获得人物最自然的状态，而沟通后可能就会失去最佳瞬间，有人就会想抓住机会先拍摄下来，但是在这种情况下务必记得要在拍摄后征求被拍摄者的意见，询问其是否允许拍摄、保留以及发布。在征得同意的过程中，有些创作者会随身携带授权书，要求被拍摄者签字，然而这种方法并不一定合适，因为签署书面文件通常会给人很正式的感觉，大部分人出于谨慎考虑都不愿签。那么，是否就无法取得授权结果了呢？其实也有办法，既然是街拍，那么这个授权过程自然也可以拍摄下来，也是一种证明方式。

法律依据

《中华人民共和国民法典》

第一千零一十九条　任何组织或者个人不得以丑化、污损，或者利用信息技术手段伪造等方式侵害他人的肖像权。未经肖像权人同意，不得制作、使用、公开肖像权人的肖像，但是法律另有规定的除外。

未经肖像权人同意，肖像作品权利人不得以发表、复制、发行、出租、展览等方式使用或者公开肖像权人的肖像。

第一千零二十条　合理实施下列行为的，可以不经肖像权人同意：

（一）为个人学习、艺术欣赏、课堂教学或者科学研究，在必要范围内使用肖像权人已经公开的肖像；

（二）为实施新闻报道，不可避免地制作、使用、公开肖像权人的肖像；

（三）为依法履行职责，国家机关在必要范围内制作、使用、公开肖像权人的肖像；

（四）为展示特定公共环境，不可避免地制作、使用、公开肖像权人的肖像；

（五）为维护公共利益或者肖像权人合法权益，制作、使用、公开肖像权人的肖像的其他行为。

搜集发布经其他媒体报道的个人信息，构成侵犯隐私权吗？

以案释法

某视频公司在其网站上公布了刘某的姓名、籍贯、年龄等个人信息，发布了与刘某就医、手术相关的言论，并称刘某是某不雅事件的当事人，导致刘某精神崩溃，甚至多次想结束自己的生命，也导致其与相处四年的男友分手。刘某不堪其扰，向法院提起诉讼，要求该视频网站在网站首页发表致歉声明至少30天，并赔偿精神抚慰金50万元。

该视频公司辩称，刘某的照片、姓名、年龄、籍贯、职业、手术经历、被采取强制措施等个人信息，均是在被诉视频出现之前，由刘某之母告知记者并向社会公开的，这些属于刘某主动公开的信息，被诉视频的内容也来源于公开报道，因此这些信息已非刘某个人的秘密，而是公开信息，视频援引已公开的信息，不构成对刘某隐私权的侵犯。

法院经审理认为，该视频公司的抗辩理由不能成立，最终判决视频公司侵犯了刘某的隐私权。

学法用法

公民享有保护私生活与秘密的隐私权。行为人实施了窥探、宣扬、公布、散布、披露他人隐私的行为，即构成对他人隐私权的侵犯，依法应当承担责任。本案中，法院认为，视频公司将属于刘某的个人信息秘密以视频的形式对外发布，其内容不仅涉及刘某的姓名、籍贯，还涉及其个人私密的身体健康及社会敏感事件。视频公司虽然抗辩视频内容为已公开的信息，但在其制作、发布该视频前，既未征得刘某本人的许可，也未对视频内容的真实性予以核实。未经授权、核实转载他人私密信息的，属于散布、公开、披露他人隐私秘密，构成对刘某隐私权的侵犯，依法应当承担民事责任。

提起隐私，我们通常会和保密一词联系起来。在合同领域，某些信息一旦向大众公开，另一方就不再负有保密义务。但在人格权领域却并非如此，即使某些信息已经被公开，甚至被本人公开过，在选择传播时仍然要尽到较高的注意义务。具体而言，当事人不但享有是否公开信息的权利，也有权决定信息公开的时间、范围和渠道。当事人在过去公开过不代表现在还希望继续传播，同意在三五个人之间公开不代表同意对所有人公开，同意在微信群中公开不代表想在朋友圈甚至微博公开，同意在课堂或者沙龙上公开不代表可以在网络上公开。这些权利如果得不到保障，就极易发生“不小心把秘密告诉了风，风却把它告诉了整个森林”的情况。

特别是在原隐私信息传播渠道较传统，传播范围较小、影响力范围不大时，如果要对该隐私信息进行较大范围传播，就需要特别注意，尤其是在可能涉及侵犯他人人格尊严的情况下，如果未能得到当事人同意，就很可能需要依法承担侵权责任。

法律依据

《中华人民共和国民法典》

第一千零三十二条　自然人享有隐私权。任何组织或者个人不得以刺探、侵扰、泄露、公开等方式侵害他人的隐私权。

隐私是自然人的私人生活安宁和不愿为他人知晓的私密空间、私密活动、私密信息。

第一千零三十三条 除法律另有规定或者权利人明确同意外，任何组织或者个人不得实施下列行为：

（一）以电话、短信、即时通讯工具、电子邮件、传单等方式侵扰他人的私人生活安宁；

（二）进入、拍摄、窥视他人的住宅、宾馆房间等私密空间；

（三）拍摄、窥视、窃听、公开他人的私密活动；

（四）拍摄、窥视他人身体的私密部位；

（五）处理他人的私密信息；

（六）以其他方式侵害他人的隐私权。

第一千零三十四条 自然人的个人信息受法律保护。

个人信息是以电子或者其他方式记录的能够单独或者与其他信息结合识别特定自然人的各种信息，包括自然人的姓名、出生日期、身份证件号码、生物识别信息、住址、电话号码、电子邮箱、健康信息、行踪信息等。

个人信息中的私密信息，适用有关隐私权的规定；没有规定的，适用有关个人信息保护的规定。

被“人肉搜索”“曝光隐私”后如何维权？

以案释法

王某是某刑事案件的受害人，有人匿名在论坛上发布文章，称王某感情生活混乱，结婚后又离婚，并且和多人保持暧昧关系，其遭受侵害属于自身问题，该文章同时披露了有关王某的个人信息和资料，包括王某个人日记中的部分内容、王某的多个电话号码及护照信息、王某父母的电话号码、王某的驾驶证以及多张王某的个人生活照。该文章点击量过万，评论数过百，王某认为该文章曝光其个人信息的行为侵犯了其隐私权，给其名誉造成了恶劣影响，严重干扰了其正常的学习和生活，并给其造成了巨大的精神压力，因此，王某向法院提起诉讼，要求被告赔礼道歉、消除影响，赔偿精神抚慰金20万元。

被告辩称其并未侵权。首先，由于原告受害事件引起了全国轰动，原告的真实姓名、履历、大量照片、联系方式、在校表现在此之前早已在各大网络平台广泛流传，属于公开信息，被告并未侵犯其名誉权；其次，因为被告曝光的信息并非虚构信息，文章内容全部有真实源头，被告对有悖公序良俗的新闻事件表达意见是在行使言论自由、表达自由、新闻评论自由、监督权等基本权利；最后，被告的行为并无恶意、无主观过错、与王某声称的后果无因果关系，不符合侵权责任的构成要件。

法院经审理认为，被告的行为构成对王某隐私权的侵害，判决被告赔偿王某精神抚慰金及维权合理费用合计5万余元。

学法用法

根据我国法律，自然人享有隐私权，任何组织或者个人不得以刺探、侵扰、泄露、公开等方式侵害他人的隐私权，除法律另有规定或者权利人明确同意外，任何组织或者个人不得侵犯他人的隐私权。由于互联网的快速发展以及人们在日常生活中对网络的依赖，大量的个人信息都存留在网络上，其中有一些是一般个人信息，还有一些则是隐私性更强的私密信息，对这些隐私信息的泄露如果侵扰了隐私权人的生活安宁，应当承担相应的法律责任。

在前述案件中，虽然该事件因为社会关注度高而在客观上成为“公共事件”，对社会公众的合理关注和自由讨论应予以容许，但这并不意味着由该话题引发的恶意人格贬损言论也可以受到“言论自由”的保护。言论的表达应从客观、中立的角度出发，不应在缺乏事实依据的情况下对涉及当事人的道德操守、人格品行等重大事项进行恶意推测。因此，由于被告在涉案文章中披露了王某的个人电话号码、护照信息及驾驶证信息等隐私信息，侵扰了王某的私人生活安宁，构成对王某隐私权的侵害。

在生活中，如果发现自己被“人肉搜索”或者曝光隐私，可以采取法律手段维护自己合法权益。首先，应在第一时间进行证据线索的收集，对有关侵权账号及侵权内容做公证证据保全或时间戳取证，对于骚扰电话和短信等做好记录；其次，应向相关网络平台服务商发送制止侵权通知，要求其断开侵权链接，制止侵权行为；最后，如果上述途径均未能制止侵权行为，则可以以主要侵权人与网络平台服务商为共同被告提起诉讼，案件管辖法院既可以选择主要侵权人所在地的基层人民法院，也可以选择网络平台服务商所在地的基层人民法院；如果被告所在地设有互联网法院，还可以根据有关规定向互联网法院提起诉讼，进行线上维权，节约维权成本。

法律依据

《最高人民法院关于审理利用信息网络侵害人身权益民事纠纷案件适用法律若干问题的规定》

第三条　原告起诉网络服务提供者，网络服务提供者以涉嫌侵权的信息系网络用户发布为由抗辩的，人民法院可以根据原告的请求及案件的具体情况，责令网络服务提供者向人民法院提供能够确定涉嫌侵权的网络用户的姓名（名称）、联系方式、网络地址等信息。

网络服务提供者无正当理由拒不提供的，人民法院可以依据民事诉讼法第一百一十四条的规定对网络服务提供者采取处罚等措施。

原告根据网络服务提供者提供的信息请求追加网络用户为被告的，人民法院应予准许。

遭受“网络暴力”后如何依法维权？

以案释法

在网络高度发达的今天，“网络暴力”事件层出不穷。在“司机逆行导致大巴坠江”事件中，一辆公交客车与一辆小轿车在大桥上相撞后，公交客车坠入江中。网络上有说法称，此系“轿车司机穿高跟鞋逆行导致碰撞”，该说法引发网友对当事司机的指责、辱骂。后经证实，这起事件是公交客车在行驶中突然越过中心实线，撞击对向正常行驶的小轿车后冲上路沿，撞断护栏，坠入江中，该事件中的轿车司机实际上是受害者。虽然最后公众得知了真相，但网络世界的过激言论对其带来的伤害已然造成。

学法用法

“网络暴力”是指在网上发表具有伤害性、侮辱性和煽动性的言论、图片、视频等的行为的现象。网民对网络事件发表具有伤害性和侮辱性的失实言论，造成当事人名誉损害，或在网络上公开当事人现实生活中的个人隐私，都属于典型的“网络暴力”行为。

与上述案例相似的事件不胜枚举，面对强大的集体舆论，借助互联网的极速传播，个体在“网络暴力”的浪潮中似乎总是微不足道。因“人肉搜索”使受害人身体、精神遭到伤害的，侵权人轻则要承担侵犯名誉权、隐私权等民事赔偿责任，情节严重者还要负刑事责任。作为“网络暴力”中的受害者，依法维权比沉默更有力量。

2020年3月1日开始施行的《网络信息内容生态治理规定》明确规定，网络信息内容服务使用者和网络信息内容生产者、网络信息内容服务平台，不得开展网络暴力、人肉搜索、深度伪造、流量造假、操纵账号等违法活动。网络信息内容生产者应防范和抵制制作、复制、发布含有使用夸张标题、内容与标题严重不符的新闻和炒作绯闻、丑闻、劣迹等不良信息的行为。

面对“网络暴力”，受害者应依法主动维权，具体可以采取以下方式：

1.收集证据信息。在信息泄露之后留存行为人的姓名、社交媒体账号、联系方式等有用信息。记录方法可以是截屏、录屏、录像，也可以到公证处进行公证，保全证据。由于现在大部分网络平台均实行手机号码注册甚至实名注册，所以可以持相关证据向平台投诉，并要求平台提供侵权人的联系信息。

2.向相关部门报案。名誉或隐私一旦遭受“网络暴力”的侵犯，特别是在侵权人人数过多，无法通过个人力量应对时，应当尽快向公安部门、互联网管理部门、市场监督管理部门、消费者管理协会、行业管理部门等相关机构举报，借助有关部门的力量尽可能降低损失，惩治侵权人。

3.在个人信息遭到泄露或个人社交媒体账号丢失后，要注意提醒身边的亲朋好友谨防被骗。“网络暴力”实施者的法律意识比较淡薄，不乏会采取一些极端的手段来干扰被网络暴力者个人生活的，比如轰炸通讯录，或者发送恶意链接等，在这种情况下，除了要注意自己的安全之外，还要第一时间通知亲朋好友，提醒他们倍加防范，以免上当受骗。

4.委托律师维权。咨询专业律师，通过法律手段要求侵权人赔礼道歉、消除影响、恢复名誉、赔偿损失等。

法律依据

《中华人民共和国民法典》

第一千零二十四条　民事主体享有名誉权。任何组织或者个人不得以侮辱、诽谤等方式侵害他人的名誉权。

名誉是对民事主体的品德、声望、才能、信用等的社会评价。

第一千零二十五条 行为人为公共利益实施新闻报道、舆论监督等行为，影响他人名誉的，不承担民事责任，但是有下列情形之一的除外：

（一）捏造、歪曲事实；

（二）对他人提供的严重失实内容未尽到合理核实义务；

（三）使用侮辱性言辞等贬损他人名誉。

第一千零三十二条 自然人享有隐私权。任何组织或者个人不得以刺探、侵扰、泄露、公开等方式侵害他人的隐私权。

隐私是自然人的私人生活安宁和不愿为他人知晓的私密空间、私密活动、私密信息。

姓名被人擅自注册成自媒体账号，侵犯了什么权利？

以案释法

王某系某公司董事长，具有较高的社会知名度。某日，王某发现自己的姓名被注册成为微信公众号，肖像被用作该微信公众号的头像，微信公众号的功能介绍中标明了王某任职公司的名称。该微信公众号自注册以来，以每天4—10篇的频率发表文章，部分文章标题使用淫秽、低俗字眼吸引读者眼球。王某认为，该微信公众号冒用王某名义，盗用王某姓名，擅用王某肖像，使公众误以为该微信公众号系王某开设或与王某相关，同时冒用王某名义发布带有淫秽、低俗、不雅字眼的文章标题或文章内容，配以大量低俗、不雅的图片，诋毁和贬低了王某的社会形象和人格信誉，严重侵害了王某的名誉权，遂向法院提起诉讼，要求该微信公众号所有权人承担侵权责任，赔礼道歉、恢复名誉，赔偿精神抚慰金以及维权支出的合理费用。

被告辩称其行为对王某的姓名权不构成侵权，被告运营该微信公众号并未获利，也并未给王某造成经济损失。但法院并未支持被告的说法，认为被告的行为构成侵权，应当赔礼道歉、恢复名誉并赔偿损失。

学法用法

姓名，是指用以区别自己和他人，将自己予以个别化的语言性符号。姓名在社会层面体现为他人对某人的联想与认知，故姓名与姓名标示的自然人须具有同一性，即“闻其名，知其人”。姓名权是人格权的一种，指自然人对其姓名享有的权利。姓名权有两个维度，一个是自己有决定、使用和依照规定改变姓名的权利，这是一种积极权利；另一个是禁止他人干涉、盗用、冒用的权利，这是一种消极权利。姓名权侵权多发生在消极权利上，本案中将他人姓名注册成自媒体账号，并使公众将该自媒体与该姓名对应的某个人联系起来，即构成对姓名权的盗用和冒用，属于侵犯他人姓名权的行为。

由于姓名具有重要的识别作用，所以姓名和人格息息相关，如果在盗用、冒用他人姓名的过程中使该姓名对应的自然人的社会评价降低，则构成对名誉权的侵犯，这也是法律禁止盗用、冒用他人姓名的原因。如果将姓名权比作一种符号使用权，那名誉权就是一种社会评价权。公民有权使用自己姓名，更有权通过一系列良好的品行努力维持或者提高自己的社会评价。法律保护名誉权的原因在于，任何人不得阻碍他人追求美德，也不得破坏他人已经获得的美德。在上述案例中，被告在该微信公众号头像图片中使用王某本人的照片，同时在该微信公众号发布多篇题目、内容格调较低，明示、暗示涉及两性关系的文章，并配以不雅图片，足以造成王某社会评价降低的结果，故被告的行为构成对王某姓名权、肖像权和名誉权的侵害。

因此，在自媒体的运营中，要提高格调，坚持长期主义的精神，那些通过盗用他人姓名蹭热点、博眼球，甚至通过猎奇、低俗的内容来获得浏览和关注的行为，不但为自媒体行业所唾弃，也需要承担严重的法律责任。同样地，如果发现他人有盗用、冒用姓名之类的攀附行为，也要积极拿起法律武器，坚决维护自己的权利、捍卫自己的声誉。

法律依据

《中华人民共和国民法典》

第一千零一十二条 自然人享有姓名权，有权依法决定、使用、变更或者许可他人使用自己的姓名，但是不得违背公序良俗。

第一千零一十四条　任何组织或者个人不得以干涉、盗用、假冒等方式侵害他人的姓名权或者名称权。

第一千零一十七条　具有一定社会知名度，被他人使用足以造成公众混淆的笔名、艺名、网名、译名、字号、姓名和名称的简称等，参照适用姓名权和名称权保护的有关规定。

姓名被擅自用以创作同人作品，构成侵犯姓名权吗？

以案释法

姓名被擅自用以创作同人小说，是否构成侵犯姓名权曾一度引发广泛讨论。有些案件虽并未进入司法程序，但因使用他人姓名引发纠纷的司法案例仍不胜枚举。某公司依据某同人小说开发了一款同人游戏，套用了某位知名度较高的商业名人的姓名，“碰瓷”为“某某的一天”“某某的日子”等，用这些标签来宣传游戏产品，通过这些抓人眼球的宣传吸引用户点击链接、下载游戏。这种未经同意，出于营利或者其他目的使用他人姓名、不符合公共利益目的要求的行为，通常会被法院依法认定为侵犯姓名权。

学法用法

对于姓名被擅自使用以创作同人作品的情形，在认定侵犯姓名权时一般要同时满足如下条件：第一，作者未经权利人允许，擅自使用真人姓名；第二，同人作品中的姓名与真人姓名混同，令读者产生联想，达到使用真人姓名的效果；第三，同人作品被出版发表。同人作品是否侵权与是否产生盈利无关。创作同人作品的行为本身并不构成侵权，关键在于创作之后作品的使用方式。若同人作品被出版发表或者翻拍为影视作品等，则无论盈利与否，都不影响其侵权行为的成立。

当真人姓名被擅自使用以创作同人作品时，权利人可以采取以下手段维护自身的合法权益：

1. 与侵权人积极协商解决，要求其停止侵权并赔偿损失；也可以向侵权人发送律师函，要求停止侵权行为。

2. 要求网络平台删除。作品的发表平台作为网络服务提供者，适用“通知—删除”规则，即在接到侵权通知后平台如仍不采取断开链接、删除内容等措施，则需要承担相应的法律责任。

3. 向有关部门举报。如果同人作品涉及淫秽、迷信等违背公序良俗的内容，被侵权人作为普通公民有权向有关部门举报，要求予以处理，由有关部门进行判定、处罚。

4. 向人民法院提起诉讼，维护自身合法权益。公民的姓名权、肖像权、名誉权、荣誉权受到侵害的，被侵权人有权要求停止侵害、恢复名誉、消除影响、赔礼道歉，并可以要求赔偿损失；造成严重精神损害的，可以请求精神损害赔偿。

法律依据

《中华人民共和国民法典》

第一百一十条第一款　自然人享有生命权、身体权、健康权、姓名权、肖像权、名誉权、荣誉权、隐私权、婚姻自主权等权利。

第一千零一十四条　任何组织或者个人不得以干涉、盗用、假冒等方式侵害他人的姓名权或者名称权。

第一千零一十七条　具有一定社会知名度，被他人使用足以造成公众混淆的笔名、艺名、网名、译名、字号、姓名和名称的简称等，参照适用姓名权和名称权保护的有关规定。

从原公司离职，使用原艺名构成侵权吗？

以案释法

艺人的艺名被公司注册，或艺人的真实姓名被品牌抢注的情况并不罕见。某艺人与公司解约，中文艺名及英文名遭公司“抢注”的新闻闹得沸沸扬扬。通过商标查询可以发现，该艺人的中文艺名及英文名目前已被包括其经纪公司在内的多家企业注册了多项商标，商标种类包括健身器材、服装鞋帽、教育娱乐等。该艺人能否继续使用艺名也在大家的心中打下了一个问号。

那么，艺人或者主播从原公司离职，还可以使用自己原来的艺名吗？如果继续使用自己原来的艺名，会构成侵权吗？

学法用法

艺人从原公司离职，由原艺名引发的纠纷是现实存在的，特别是现在网络自媒体红人使用的基本都是艺名，而艺名通常会被公司注册为商标，在这种情况下，就会产生商标权与姓名权是否受法律保护及其权利归属的问题，而这一问题的本质在于姓名权和商标权的冲突。法律既保障公民对姓名权的使用，也保护依法注册获得的商标权，但如果二者归属于不同的主体，两种权利在行使时就会发生冲突。

如果艺名已经与艺人建立起持续稳定的对应关系，且该艺名已经被公司注册为商标，那么艺人在离职后，公司使用该商标时就存在侵犯姓名权的风险，此时，公司在使用过程中要尽量注意避免将该商标同艺人本身联系起来。

如果艺名并未与艺人建立起持续稳定的对应关系，且该艺名已经被公司注册为商标，那么艺人在离职后继续使用该艺名就会有侵权风险，此时在理论上有两种解决方法：第一种是直接将该艺名改为自己的真实姓名或艺人在成名前直接自行将该艺名注册成商标，第二种是通过行政及司法程序主张该商标无效。

以上方法看似对艺人实用且有利，但从商业角度讲，如此“精明”的艺人很可能不会获得公司的扶植和培养，甚至不愿意签约，此时法律风险防范做得再好，也失去了意义。所以，一个好的法律方案必然不是为了让一方获利更多，另一方获利偏少甚至付出更多，而是根据各自的贡献平衡好各方的利益分配，不但使彼此具有成长上的包容空间，还要有在极端情况下的退出方案。

因此，对于艺名问题的平衡和解决，并非别无他途。法律并不禁止平等主体之间在公平、自愿的基础上，对于艺名的使用期限、收费条件和标准、姓名变更、违约责任等进行特别约定。明确、细致和可操作的约定，既有利于公司对艺人艺名的宣传、推广，也有利于艺人的发展和声誉的维护，从而实现互利共赢的效果。

法律依据

《中华人民共和国民法典》

第一千零一十二条　自然人享有姓名权，有权依法决定、使用、变更或者许可他人使用自己的姓名，但是不得违背公序良俗。

第一千零一十四条　任何组织或者个人不得以干涉、盗用、假冒等方式侵害他人的姓名权或者名称权。

第一千零一十七条　具有一定社会知名度，被他人使用足以造成公众混淆的笔名、艺名、网名、译名、字号、姓名和名称的简称等，参照适用姓名权和名称权保护的有关规定。

“转载侵删”等免责声明能否实现免责目的？

以案释法

甲公司在其微信公众号文章中使用了一张照片，而该照片系乙公司首发于网络的，且乙公司已经就该照片申请了作品登记。乙公司发现甲公司使用该照片后，便将甲公司诉至法院，要求甲公司停止侵权、赔偿损失。甲公司辩称，其对乙公司享有照片的著作权没有异议，自己也确实使用过该照片，但在使用时已标注“图片来源网络，如有侵权，请联系删除”。乙公司对其享有著作权没有尽到提示义务，使用该照片也没有造成乙公司的损失。

法院审理后认为，涉案图片系摄影作品，属于我国《著作权法》所保护的作品。乙公司提供了作品登记证书及图片库等证据，在无相反证据的情况下，应认定其是图片的著作权人。甲公司未经乙公司的许可，在其开办的微信公众号上基于商业目的使用涉案图片，且未能证明图片的来源，侵害了乙公司对涉案图片享有的信息网络传播权，应承担停止侵权、赔偿经济损失的法律责任。

学法用法

“转载侵删”一词一般用来表示作品源于网络，如果涉嫌侵权，著作权人可以联系使用人，使用人会立即删除。但是从上述案件的司法判决中不难看出，“转载侵删”等免责声明并不能实现免责目的。其原因在于：首先，图片即使来源于网络，也肯定是有作者的，即使在引用时并不知道作者是谁，侵权人擅自使用他人作品的行为也不能免责。其次，“著作权人可以联系使用人，使用人会立即删除”这句话是对《信息网络传播权保护条例》中规定的“避风港原则”的错误适用，“避风港原则”的适用主体仅仅是作为网络服务提供者的网络平台，个人并不适用“避风港原则”免除侵权责任。最后，转载他人的图片不属于著作权合理使用的范畴，不能据此免责。在现有法律规定中，“为介绍、评论某一作品或者说明某一问题，在作品中适当引用他人已经发表的作品”属于著作权合理使用的情况之一，但是“转载”一般是完全引用，而非适当引用。

为避免“转载侵删”行为的发生，微信公众号等自媒体在转发图片、文章等素材时一定要取得作者或者发布者的同意或授权，并留存相关授权资料，同时应在转载过程中写明素材来源及作者姓名。转载时若对原作品进行改编，应取得作者或权利人同意，不能擅自修改。如果确实无法联系到作者，应明确声明愿意支付报酬并表明权利人如不同意使用愿意立即删除的态度，并在公众号留下自己的联系方式，以便权利人及时与其沟通、主张权利。如果原文章已经明确声明“禁止转载”，则不得进行转载。

在“转载侵删”的侵权行为发生后，权利人可以采取法律手段维护自己的合法权益，如通过自己账号的发表内容、创作过程记录、创作底稿等证明自己是作品权利人；固定侵权事实，如对侵权文章进行截图、公证等。

法律依据

《中华人民共和国著作权法》

第五十三条 有下列侵权行为的，应当根据情况，承担本法第五十二条规定的民事责任；侵权行为同时损害公共利益的，由主管著作权的部门责令停止侵权行为，予以警告，没收违法所得，没收、无害化销毁处理侵权复制品以及主要用于制作侵权复制品的材料、工具、设备等，违法经营额五万元以上的，可以并处违法经营额一倍以上五倍以下的罚款；没有违法经营额、违法经营额难以计算或者不足五万元的，可以并处二十五万元以下的罚款；构成犯罪的，依法追究刑事责任：

（一）未经著作权人许可，复制、发行、表演、放映、广播、汇编、通过信息网络向公众传播其作品的，本法另有规定的除外；

（二）出版他人享有专有出版权的图书的；

（三）未经表演者许可，复制、发行录有其表演的录音录像制品，或者通过信息网络向公众传播其表演的，本法另有规定的除外；

（四）未经录音录像制作者许可，复制、发行、通过信息网络向公众传播其制作的录音录像制品的，本法另有规定的除外；

（五）未经许可，播放、复制或者通过信息网络向公众传播广播、电视的，本法另有规定的除外；

（六）未经著作权人或者与著作权有关的权利人许可，故意避开或者破坏技术措施的，故意制造、进口或者向他人提供主要用于避开、破坏技术措施的装置或者部件的，或者故意为他人避开或者破坏技术措施提供技术服务的，法律、行政法规另有规定的除外；

（七）未经著作权人或者与著作权有关的权利人许可，故意删除或者改变作品、版式设计、表演、录音录像制品或者广播、电视上的权利管理信息的，知道或者应当知道作品、版式设计、表演、录音录像制品或者广播、电视上的权利管理信息未经许可被删除或者改变，仍然向公众提供的，法律、行政法规另有规定的除外；

（八）制作、出售假冒他人署名的作品的。

在自媒体上转发内容时如何避免侵权？

以案释法

甲用微博实名认证账号发布了关于某被执行人乙不履行生效判决的对话视频及对涉案视频的评论。随后丙转发了甲的上述博文（包含涉案视频）并发表了评论。丁转发了丙的上述博文（包含涉案视频），并发表了评论：“1.拒不履行法院生效判决有可能构成‘拒不执行判决罪’；2.刑事责任的承担并不免除民事赔偿义务或履行判决义务；3.如果证据证明转移财产，可以通过民事诉讼程序申请撤销或确认无效。”乙认为丁的评论中“拒不履行法院生效判决有可能构成‘拒不执行判决罪’”构成侵权，称“拒不履行法院生效判决”与事实不符。涉案视频时长11分23秒，乙主张该视频被进行了剪辑拼接，并且部分内容存在虚假表述，“耍赖”一词系侮辱性词汇，故向法院提起诉讼。

被告认为其发表的涉案博文均有相应事实与法律依据，不存在侮辱、诽谤他人的内容。原告社会评价的降低与被告发表涉案博文没有因果关系。被告发表涉案博文没有主观过错。法院认为，被告在转发涉案视频前，查询了失信人名单等公开信息，尽到了较高的注意义务；被告发布的评论系对不履行生效判决相关法律规定的解读，属于就事论事的普及法律知识范畴，评论的动机是促进社会事务的良性发展，发表评论是出于善意而非恶意，并无不当之处。故即便被告系专业法律人士，其亦尽到了与其身份性质及影响范围相适应的、高于一般公众的注意义务，其转发涉案视频的行为和发布的相关评论并未侵犯原告的名誉权。

学法用法

言论自由是公民享有的基本权利。但公民在行使言论自由的权利时，不得损害国家利益、集体利益和其他公民的合法权利。网络媒体的便捷性与传播的广泛性使得网络侵权信息的传播速度更快、损害后果更大。网络用户在自媒体平台上进行言论表达时应更加注重避免侵害他人合法权益。

一般来说，公众对不符合社会主流价值标准的事件进行批评是正常的情感和言论表达，批评在客观上会促进个人向好、社会向善，会促使被批评者反思改正，推动社会的文明和进步。但是，批评应当有一定的限度，如果批评超出了合理的限度，变为不加约束的谩骂或谴责，则背离了批评的初衷，不利于理性、文明、友善社会氛围的形成。因此，即便是出于善良的目的，这种不加限制的表达，也会导致异化结果的出现。

为避免在自媒体转发时侵权行为的发生，需要注意以下几点：

1.拥有相当粉丝量和受关注度较高的网络大V，以及具有专业背景的专业博主，对于专业事务具备高于普通网民的判断能力，基于其影响力和专业能力，在发布与专业有关的博文时更容易受到关注、引导舆论走向，故其应承担比普通网民更高的注意义务。

2.积极采取措施，删除不当言论。网上发布的言论，如果不删除，始终是公共言论的一部分，如果存在不当，发布者负有删除责任，应当采取积极措施予以处理。

3.应注意语言的使用，只审查言词本身是否具有侮辱性是不够的，还必须考察言词在具体语境中的关联性，尤其要注意核实转载内容的真实性。

法律依据

《中华人民共和国民法典》

第一千一百九十四条　网络用户、网络服务提供者利用网络侵害他人民事权益的，应当承担侵权责任。法律另有规定的，依照其规定。

第一千一百九十六条 网络用户接到转送的通知后，可以向网络服务提供者提交不存在侵权行为的声明。声明应当包括不存在侵权行为的初步证据及网络用户的真实身份信息。

网络服务提供者接到声明后，应当将该声明转送发出通知的权利人，并告知其可以向有关部门投诉或者向人民法院提起诉讼。网络服务提供者在转送声明到达权利人后的合理期限内，未收到权利人已经投诉或者提起诉讼通知的，应当及时终止所采取的措施。

《最高人民法院关于审理利用信息网络侵害人身权益民事纠纷案件适用法律若干问题的规定》

第七条 人民法院认定网络用户或者网络服务提供者转载网络信息行为的过错及其程度，应当综合以下因素：

（一）转载主体所承担的与其性质、影响范围相适应的注意义务；

（二）所转载信息侵害他人人身权益的明显程度；

（三）对所转载信息是否作出实质性修改，是否添加或者修改文章标题，导致其与内容严重不符以及误导公众的可能性。

制作发布带有危险性内容的视频如何尽到风险提示义务?

以案释法

两名儿童在家中模仿网红主播制作爆米花，过程中操作不慎，点燃了高浓度酒精引起爆炸，其中一人伤势较轻，另一人被烧成重伤，最终不幸离世。孩子的父亲在接受媒体采访时表示，两个孩子经常一起玩耍，看手机短视频。事后，他查看了相关短视频平台上的类似视频，发现并无风险提醒。

此类由于盲目模仿带有危险性的短视频引发受伤甚至死亡的事件已经发生过多起：某父女模仿某短视频平台翻跟头后抱在一起的动作，父亲失手滑脱，致使两岁的女儿头部着地，造成脊髓严重受损，上半身已无法行动。某儿童模仿某短视频平台“胶带粘门”的整人视频，导致其年幼的弟弟绊倒摔伤。

学法用法

近年来，短视频行业迅速发展，但也被曝光一些因模仿热门短视频而造成用户伤亡的事件。无论是视频的制作者、发布者，还是视频播放平台，对此都应严肃对待，防止此类事件的发生。

危险性视频的制作者及发布者要注意选题，短视频创作者在选材时不要为了曝光率而发布一些易引发模仿的高危险性视频。除了带有吸人眼球性质的危险性视频之外，还有很多制作极限运动短视频的博主，也面临着同样的风险，在获得流量的同时，也无时无刻不在受着流量的威胁。如何降低可能出现的负面影响，使其符合法律的要求，是这类博主始终应当紧绷的一根弦。

为了尽可能降低侵权责任的发生风险，短视频创作者要对危险视频进行必要的提示、警告：

1.重点提示。对于视频内容的危险性应在播放视频的屏幕上进行明显提示，而非在侧面标一行小字，风险性提示并不会拉低视频的质量，反而会显示出视频制作者的认真、严谨，因此，大大方方地提示在合规上和内容上都对视频有益。

2.反复提示。在视频开始前即提示本视频内有不宜模仿的危险性动作，进行危险动作时也要提示，在视频结尾处最好再次提示。多次、反复提示的行为，在一定程度上可以减小甚至排除视频制作者的主观故意和过失。

3.文字和声音结合。在视频中，如果条件允许，在进行文字提示的同时，展示者最好严肃说明“请勿模仿”。

同时需要注意，视频传播平台应当做好提前审查义务。根据“避风港原则”，如果视频存在暴力、非法等内容，网络平台在知情后，应当及时采取告知、删除、屏蔽、禁播、断开链接等措施。如未尽到上述管理职责，平台方也需要承担相应责任。

法律依据

《中华人民共和国民法典》

第一千一百六十五条 行为人因过错侵害他人民事权益造成损害的，应当承担侵权责任。

依照法律规定推定行为人有过错，其不能证明自己没有过错的，应当承担侵权责任。

第一千一百六十七条 侵权行为危及他人人身、财产安全的，被侵权人有权请求侵权人承担停止侵害、排除妨碍、消除危险等侵权责任。

如何锁定网络账号背后的实际侵权人？

以案释法

为了应对越来越多的“碎片化抄袭行为”，某平台以版权方的身份发起了“被侵权原创者召集”活动，呼吁该平台作者将其他平台部分账号侵犯自己回答、文章著作权的信息发送给该平台版权团队。为了避免删除侵权证据，通过多名用户的协助，该平台版权团队仅用一天时间，便将涉嫌侵权的内容用录屏的方式录了下来。但是，即使掌握了这些证据并且成功立案，该平台还必须解决一个难题：如何确定涉嫌侵权账号的实际运营方（个人或法人）及其具体信息。该平台综合运用了向其他平台发送律师函、为涉嫌侵权账号投放广告等方式，最终确定了实际运营方的身份，并证明了其从侵权行为中获利。

学法用法

现如今，互联网侵权的成本非常低，而受到侵害的权利人却难以找到躲在互联网背后的侵权人的真实身份。本案中，涉嫌侵权人未经作者允许，私自将作者在该平台发表的回答、文章“整理、搬运”至其他平台上进行二次传播，该行为已经涉嫌侵犯作者的著作权，属于法律禁止的侵权行为，应当承担侵权责任。但是，如果被侵权人要想向人民法院起诉，便必须提供侵权人的身份信息，而这种侵权行为却因为网络的虚拟性使被侵权人无法确定侵权人的真实身份，亦无法启动法律程序。对此，可以尝试采取以下方式锁定互联网背后的侵权人的真实身份：

首先，可以通过查询账号注册信息来确定侵权人。如果是微信企业号，通过查看注册详情即可确定注册的企业主体。

其次，可以要求平台提供侵权人的注册信息，由于目前部分网络平台已经采用实名制注册，所以平台是掌握该用户的注册信息的。即使未实名，也几乎都需要绑定手机号，而得益于手机号的实名注册，也可以间接确定侵权人。

再次，可以利用交叉验证的方式获得注册信息，如通过向部分用户手机号转账、为其投放广告等方式获得身份信息线索，从而间接确定侵权人。但要特别注意的是，在利用上述方式获取侵权人信息时，一定要守好法律底线，不要侵犯对方的个人隐私，否则使自己变成魔鬼去惩罚魔鬼，世上只是多了一个魔鬼。

最后，如果确实不能确定侵权人的信息，平台也拒绝提供，则可以将平台作为被告一同提起诉讼，从而在诉讼中获得侵权人的信息。

法律依据

《中华人民共和国民法典》

第一千一百九十五条　网络用户利用网络服务实施侵权行为的，权利人有权通知网络服务提供者采取删除、屏蔽、断开链接等必要措施。通知应当包括构成侵权的初步证据及权利人的真实身份信息。

网络服务提供者接到通知后，应当及时将该通知转送相关网络用户，并根据构成侵权的初步证据和服务类型采取必要措施；未及时采取必要措施的，对损害的扩大部分与该网络用户承担连带责任。

权利人因错误通知造成网络用户或者网络服务提供者损害的，应当承担侵权责任。法律另有规定的，依照其规定。

第一千一百九十六条　网络用户接到转送的通知后，可以向网络服务提供者提交不存在侵权行为的声明。声明应当包括不存在侵权行为的初步证据及网络用户的真实身份信息。

网络服务提供者接到声明后，应当将该声明转送发出通知的权利人，并告知其可以向有关部门投诉或者向人民法院提起诉讼。网络服务提供者在转送声明到达权利人后的合理期限内，未收到权利人已经投诉或者提起诉讼通知的，应当及时终止所采取的措施。

《最高人民法院关于审理利用信息网络侵害人身权益民事纠纷案件适用法律若干问题的规定》

第三条 原告起诉网络服务提供者，网络服务提供者以涉嫌侵权的信息系网络用户发布为由抗辩的，人民法院可以根据原告的请求及案件的具体情况，责令网络服务提供者向人民法院提供能够确定涉嫌侵权的网络用户的姓名（名称）、联系方式、网络地址等信息。

网络服务提供者无正当理由拒不提供的，人民法院可以依据民事诉讼法第一百一十四条的规定对网络服务提供者采取处罚等措施。

原告根据网络服务提供者提供的信息请求追加网络用户为被告的，人民法院应予准许。

被侵犯名誉权、肖像权、隐私权、姓名权后，如何收集、固定证据？

以案释法

甲、乙为同事，是上下级关系。甲与乙互生好感，有过同居经历，数月后，双方和平分手，结束同居关系。甲认为乙的职务可以在公司给予其特殊帮助，曾多次向乙索取不合理待遇，但遭乙拒绝，甲因此对乙心生怨恨。

甲从公司离职后，在其微博公开声称“请和我一起让他身败名裂”。甲先后在国内外知名自媒体网站主页上多次捏造并发布遭乙强奸的不实消息，公开披露乙的车牌、电话、微信号等私人信息，其发布的内容转发量迅速突破2000次，单条最大浏览量达90万之多，迅速成为热搜关键词。同时，甲发布的不实信息也被国内其他知名网站和社交平台大量转发和评论。甲的行为使乙遭受众多不明真相网友的侮辱性评论，严重贬损了乙的社会声誉，给乙的工作、生活造成了恶劣的影响。

学法用法

本案中，甲的行为侵犯了乙的名誉权、隐私权，乙要想维护自身的合法权益，就必须及时准确收集证据，才能在法律上得到支持。

首先，从形式上看，无论是私力救济还是公力救济，均需要以证据作为维护权利的支撑点，而且证据的收集要提前、全面。由于在互联网上发生的侵权行为具有隐蔽、易删除、传播快、影响广等特点，被侵权人如不能及时保全证据，极有可能导致侵权证据、侵权人发布的侵权信息甚至侵权行为结果消失等局面，进而导致自身合法权益无法得到有效保护。因此，被侵权人应当快速、全面、规范地留存证据，并把证据进行分类、制作清单，依据清单，通过公证机关进行证据保全。

其次，从实质上看，向人民法院提起相关民事诉讼有一定的证据要求，如果要求侵权人承担侵犯名誉权的责任，则被侵权人需要提供相应内容存在侮辱人格、基本失实、捏造事实诽谤，使其名誉权受到损害的事实证据。

最后，对于证据的收集和保全，可以从以下几个方面着手。第一，可以简单地对网页进行截屏、录屏，对侵权人的账号信息、侵权内容的录制应清晰、完整、全面，如果侵权内容被广泛浏览、转发，还可以将播放量、阅读量的数据一同保存，如果对自己名誉产生了重要影响，还要把相关的评论、讨论等能证明侵权后果的内容一同保存。第二，如果有条件，可以就上述侵权主体、侵权内容、侵权后果到公证处进行公证。简单的公证费用不高，而且在司法实践中，由于公证人员的操作比普通人更规范、更符合法律对证据的要求，所以被采信的可能性较高，因而比较推荐进行公证证据保全。第三，如果进行公证实在有困难，可以通过区块链技术进行存证。目前，此类存证方法也比较成熟，大多数法院对此也会认可。提供此类服务的机构也很多，有专业的公司提供此类服务，比如可信时间戳，简单的取证可能只需要几十元，而且有些互联网法院（比如北京互联网法院）也会提供此类服务，可以视情况使用。

法律依据

《中华人民共和国民法典》

第一百一十条　自然人享有生命权、身体权、健康权、姓名权、肖像权、名誉权、荣誉权、隐私权、婚姻自主权等权利。

法人、非法人组织享有名称权、名誉权和荣誉权。

第九百九十条　人格权是民事主体享有的生命权、身体权、健康权、姓名权、名称权、肖像权、名誉权、荣誉权、隐私权等权利。

除前款规定的人格权外，自然人享有基于人身自由、人格尊严产生的其他人格权益。

第一千条　行为人因侵害人格权承担消除影响、恢复名誉、赔礼道歉等民事责任的，应当与行为的具体方式和造成的影响范围相当。

行为人拒不承担前款规定的民事责任的，人民法院可以采取在报刊、网络等媒体上发布公告或者公布生效裁判文书等方式执行，产生的费用由行为人负担。

第一千零二十四条　民事主体享有名誉权。任何组织或者个人不得以侮辱、诽谤等方式侵害他人的名誉权。

名誉是对民事主体的品德、声望、才能、信用等的社会评价。

平台主播表演危险动作伤亡或导致他人伤亡，直播平台需要承担责任吗？

以案释法

某户外极限挑战短视频拍摄者在网络视频平台上分享自己的极限运动视频，后因表演失误坠楼身亡，平台随即封禁了该账号。经查，该账号曾收到过部分打赏，打赏收益由直播平台与拍摄者按照比例进行分成。该账号中的绝大部分视频内容均为拍摄者攀爬各种办公楼、铁塔、烟囱等高空建筑或在上述高空建筑顶端或边缘处表演行走、跳跃、翻转、悬空身体等高空危险性动作，部分视频标题写明了“危险动作，未经训练，请勿模仿”“危险动作，请勿模仿”等提示内容，标题内容在短视频播放时一并显示。

该拍摄者去世后，其家属向人民法院提起了诉讼，要求视频平台承担侵权责任。

学法用法

网络平台是否承担赔偿责任需要从以下几个角度进行判断：

首先，关注平台的审核权限。网络服务提供者有可能因未尽到安全保障义务而产生网络侵权责任。但需要特别指出的是，网络空间下的安全保障义务的具体义务内容有别于传统实体空间下的安全保障义务内容。在网络空间下，网络服务提供者采取的措施首先应符合网络空间的自身特点，其次应在网络服务提供者的能力范围内。因此，网络服务提供者的安全保障义务内容一般应包含审核、告知、删除、屏蔽、断开链接等措施。

其次，关注侵权的因果关系以及平台是否存在主观过错。就因果关系的认定，应是对特定事实之间的关联程度进行判断的过程。这种认定不能单纯依靠理论进行，还要根据个案的具体情况，结合一般常识及社会经验综合得出结论。

平台主播表演危险动作伤亡，如平台未行使相应审核权限、未尽到网络条件下的安全审查义务，此行为直播平台存在过错且与侵权行为的发生有因果关系，则直播平台就可能需要承担相应的侵权责任。至于直播平台承担责任的程度，即承担全部责任、主要责任还是次要责任、轻微责任，则要视具体情况而定。

就本案而言，法院认为，拍摄者是该平台的网络用户，平台的经营者是网络服务提供者。用户在拍摄危险视频的过程中坠亡，是本案所涉的损害结果。平台在发现视频内容具有危险性，且在应知用户拍摄此类视频有可能危及其生命安全的情况下，应本着对生命、健康安全高度重视的态度，履行相关保障义务。在发现相关风险后，应对视频采取删除、屏蔽、断开链接等具体措施，但本案中的平台并未完全尽到上述安全保障义务。法院根据此案实际情况，肯定了平台应当对拍摄者的死亡承担相应的责任。

法律依据

《中华人民共和国民法典》

第一千一百六十五条　行为人因过错侵害他人民事权益造成损害的，应当承担侵权责任。

依照法律规定推定行为人有过错，其不能证明自己没有过错的，应当承担侵权责任。

第一千一百七十三条　被侵权人对同一损害的发生或者扩大有过错的，

可以减轻侵权人的责任。

第一千一百九十四条 网络用户、网络服务提供者利用网络侵害他人民事权益的，应当承担侵权责任。法律另有规定的，依照其规定。

CHAPTER II

第二章

民事合同

如何签订经纪合同，可以避免将来被“雪藏”？

以案释法

甲公司（甲方）与孙某（乙方）签订了《合作协议》，约定甲公司为乙方演艺经纪领域之合作方，甲公司为乙方电商经纪领域的唯一合作方，乙方签约成为甲公司的电商经纪红人，甲公司帮助乙方提高知名度、增加曝光率，并开展相关的电商经纪类合作与运营，乙方不得与他人开展同类经纪合作。而后，在合同有效期内，孙某提出解除合同，甲公司将孙某诉至法院。

甲公司诉称孙某未经公司许可，与其他企业开展电商性质的合作，其行为严重侵害了甲公司的利益，违反了合同义务。孙某辩称，甲公司违约在先，甲公司不仅没有积极利用电商平台对其进行宣传，提高知名度和曝光率，还以节省成本为由，无法有效提供后续的运营以及视频影音制作等服务；同时甲公司一直以亏损为由，拒绝提供每季度的财务报表，甲公司的上述行为导致《合作协议》的合同目的无法实现，故孙某要求解除《合作协议》，并由甲公司向其支付违约金10万元。

法院审理认为，《合作协议》约定，未经过甲公司允许，孙某不得与甲公司推荐的品牌方或平台进行合作，乙方违反本条款约定，甲公司有权立即解除合同并要求乙方赔偿甲公司因此遭受的全部经济损失，孙某存在违约行为，应向甲公司承担违约责任。但甲公司从未向孙某提供财务报表，故甲公司违反了主要合同义务，致使孙某无法实现合同目的，构成根本违约，因此孙某依法享有合同解除权。

学法用法

演艺经纪合同不是简单的委托合同，而是涵盖了委托合同、行纪合同、中介合同、劳动合同、雇佣合同、著作权合同等综合性内容的混合合同。“雪藏”也不是一个法律术语，而是一种通俗说法，是指艺人因个别事件、不当言行等或者经纪公司出于经营考量，限制其发展。

从实践角度看，经纪公司通常会采取以下手段达到“雪藏”艺人的目的：

1.设置超长的合同期限。一般少则3至5年，长则10至20年。从经纪公司的角度看，将合同期限设置得越长，其可获收益往往越高。而从艺人的角度看，合同期限设置得越长，对其未来事业的发展风险可能越大，因为在这个较长的合同期限内，其发展方向可能会受到限制，甚至有被“雪藏”或“封杀”的风险。

2.约定巨额的解约赔偿金。大多演艺经纪合同在签订时，艺人是处于弱势地位的，由于刚进入演艺圈，尚无话语权，即使对经纪公司要求签订的演艺经纪合同条款有异议，但由于地位的悬殊，也不得不签署。

3.约定优先续约权。即在演艺经纪合同到期后，同等条件下，艺人应当优先选择与原公司续约。

4.约定“独家条款”。即通常约定艺人未经经纪公司同意，不得擅自与任何第三方就经纪合同所涉范围、内容进行任何形式的合作，亦不得未经经纪公司同意擅自向第三方提供演艺服务。

在上述案件中，孙某得以通过法律手段解除合同，很大一部分原因是其掌握了经纪公司根本违约的证据，达到了合同解除的法定情形。面对签订合同时的相对弱势地位，为了最大限度地规避日后被“雪藏”的风险，艺人可以从以下方面加以注意：

1.关于经纪合同的期限问题，建议约定3年期满后，双方如能达成一致，可协商续约3年，如无法达成一致，则经纪合同期满终止。考虑到经纪公司基于利润回报等因素通常会签订较长期限的经纪合同，艺人几乎没有可协商的空间，建议艺人可以与经纪公司协商，约定在超过几年以后，在符合一定条件的情况下，艺人有权提前终止合同，如艺人为经纪公司带来一定收益、演员已完成一定数量的影视作品等。

2.签订“独家条款”时，建议同时约定“若艺人自行获得其他演艺服务项目，则经纪公司应尽本合同项下同等的勤勉义务为艺人磋商、签约，并负责宣传、管理及运作，经纪公司有权提取与本合同项下同比例的佣金；若经纪公司未履行前述义务，则艺人有权自行与第三方签署相关合作协议，且不视为违反经纪合同约定，无须承担任何违约责任、损失补偿或赔偿责任，且经纪公司无权就艺人因此取得的报酬收取任何佣金”。

3.建议在经纪合同中明确约定经纪公司每月、每季度或每年度应为艺人安排的最低工作量。

演艺经纪合同中客观存在经纪公司前期投入成本高、收益周期长与艺人个人发展需求之间的矛盾，签约双方只有从公平的角度出发，使权利义务尽可能对等，才能实现经纪公司和艺人乃至整个行业的良性发展。

法律依据

《中华人民共和国民法典》

第五百六十二条　当事人协商一致，可以解除合同。

当事人可以约定一方解除合同的事由。解除合同的事由发生时，解除权人可以解除合同。

第五百六十三条　有下列情形之一的，当事人可以解除合同：

（一）因不可抗力致使不能实现合同目的；

（二）在履行期限届满前，当事人一方明确表示或者以自己的行为表明不履行主要债务；

（三）当事人一方迟延履行主要债务，经催告后在合理期限内仍未履行；

（四）当事人一方迟延履行债务或者有其他违约行为致使不能实现合同目的；

（五）法律规定的其他情形。

以持续履行的债务为内容的不定期合同，当事人可以随时解除合同，但是应当在合理期限之前通知对方。

协议履行期间，因个人原因断播，如何防范法律风险、降低法律责任？

以案释法

甲公司与张三签订了《演艺经纪合同》，约定：张三未经甲公司同意不得擅自停播或不播，本合同任何一方拒绝履行或未履行或不全面履行或迟延履行本合同项下其应承担的义务，应承担违约责任，负责赔偿另一方因此遭受的全部经济损失（含由此发生的诉讼费、律师费、公证费等）。同日，双方还签订了《稳定直播协议》。

协议签订后，张三便开始直播工作，但不久后张三便停止了直播。甲公司就张三停播一事与其进行沟通，张三解释系面部皮肤过敏及做医美手术等原因导致停播。甲公司将其诉至法院，要求张三承担相应的违约责任。

法院审理认为，张三在合同履行期间违反合同约定，缩短直播时间乃至停播，其辩称原因之一的面部皮肤过敏虽客观属实，但因时间较短，并不构成长期停播的正当理由，至于其辩称的另一原因做医美手术则完全属于张三的个人行为，并不构成停播理由，故张三缩短直播时间及停播的行为已构成根本违约，甲公司据此要求解除上述合同，法院予以支持。

学法用法

从上述案例中不难发现，直播工作对时长和频率有很高的要求，而在协议履行中会发生很多订约时未考虑到的意外情况，如家庭原因、身体原因，如果这些意外情况没有在订约时予以明确，就极有可能导致主播违约。

为最大限度避免违约的发生，在签约时就要注意风险防范。首先，在订立合同时要仔细阅读合同条款，注意直播时长和直播频率条款，不要设置明显不可能完成或者长期维持的标准，并且要注意约定双方对直播时长和频率进行调整的情形和方案。其次，要审查断播的后果，通常可能产生的法律后果有解除合同、支付违约金、择时补录等，对于断播要有预期和准备，约定几次断播以内可以不承担责任，断播超过几次可以择时补录或扣除一部分报酬等。最后，要对一些因意外情况导致的断播进行约定，如主播生病等。

此外，在协议履行过程中，主播需要注意履行公司内部程序。仅向粉丝发布调整直播的通知对公司并无效力，因为个人情况无法直播时，要尽可能履行内部申请程序，并保留公司批准的书面记录。

如公司不同意主播调整直播的申请，则主播需要保留确实无法直播的证据，并书面通知公司，请公司采取必要措施减少损失，一旦被起诉违约，主播可以以此当作降低违约责任的证据。

法律依据

《中华人民共和国民法典》

第五百七十七条 当事人一方不履行合同义务或者履行合同义务不符合约定的，应当承担继续履行、采取补救措施或者赔偿损失等违约责任。

签约主播违反经纪合同，如何确定违约金？

以案释法

甲公司与张三签订了《合作协议》，约定张三为甲公司的独家主播，未经甲公司允许，不得擅自终止合作协议或与其他平台合作，否则甲公司有权要求张三支付不少于300万元的违约赔偿金。在合同履行期间，甲公司因经营问题发生了欠薪的情况，张三遂跳槽至其他直播平台。甲公司认为张三构成违约，将其诉至法院，要求张三依照合同约定支付违约金。张三辩称违约金过高，请求法院按照公平合理原则，依法调整违约金金额。

法院经审理认为，当事人主张约定的违约金过高请求予以适当减少的，应当以实际损失为基础，兼顾合同的履行情况、当事人的过错程度以及预期利益等综合因素，根据公平原则和诚实信用原则予以衡量。此案中，第一，原告逾期支付被告工资在先，故被告跳槽虽属根本违约，但不能据此否定原告存在过错的事实；第二，合同约定涉案《合作协议》的履行期限至2020年5月31日，但原告于2019年3月底即不再运营，原告是否能够正常履约也存在不确定因素，对于被告而言也具有履约风险；第三，根据原告在同期审理的他案中所出具的情况说明，原告的主要收入为虚拟道具收入，而本案中原告预期的虚拟道具收入情况相较于原告主张的金额仍相对偏低，应予以考虑。综上，法院结合被告与原告合作期内的收益情况、合同剩余有效期、双方违约情况及各自过错大小、原告能够量化的损失、原告已对约定违约金作出的减让、原告平台的现状等予以考虑，综合直播行业的特点、直播平台的投入、经纪公司的参与及主播个体的差异，根据公平与诚实信用原则以及利益平衡原则，将本案违约金酌情确定为38万元。

学法用法

网络直播属于新兴行业，因此对于公平、诚信原则的适用尺度与因违约所受损失的准确界定，必须考虑网络直播行业的特点。第一，网络直播平台的运营主体是依赖于互联网生存与发展的互联网企业，而流量是互联网企业估值的重要指标之一。互联网企业通过投入大量成本提升流量，再通过流量变现进行盈利，流量高的企业可以更好地获得融资以及发展空间，最终实现企业价值。第二，网络主播是决定网络直播平台流量大小的核心资源，个别网络主播甚至是网络直播平台赖以生存的基础。观众与主播间的正向关联度很强，网络直播平台需要依靠主播吸引人气获得流量。由于观众进入网络直播平台途径系开放式的，且多为免费模式，转换成本较低，一旦优质主播跳槽，将直接导致原平台观众随主播转换至新平台，势必减少原平台的流量，并削弱原平台的竞争力。第三，一般而言，新兴行业的前期成本投入较高，但后期在良性竞争环境中的收益可期。网络直播平台作为以互联网为必要媒介、以主播为核心资源的企业，在激烈竞争的环境中必然需要在带宽、主播上投入大量成本。虽然直播行业目前的收益途径主要为礼物道具收益、广告收入等，但网络直播企业作为新兴企业，其未来收益的可期待性也使企业具有较高的市场价值。第四，平台“高薪挖角”的非理性竞争频现，势必使得业内主播的市场价值在短期内集聚一定的泡沫，无法客观反映主播本身的价值。

在实践中，违约金的确定可以从以下三个角度综合考虑：

首先，关于损失范围的确定。主播违约跳槽导致平台的损失，应理解为事实上存在的损失，而不应局限于实际已发生的、可量化的具体金额。具体而言，除了账面上可记载的预期礼物道具分成收益这一当然减损之外，还包括预期广告收入发生的减损。因此，主播违约导致的损失，不能仅限于实际发生的具体损失，还要考虑平台整体估值的降低、预期利益的损失、特定对象的广告收益减损等因素。

其次，关于损失具体金额的确定。目前平台基于流量获取收益的途径包括礼物道具的变现及广告收入等。其中，主播个体道具收益分成的预期利益可按照主播已得的收入情况进行趋势分析。但对于广告收益而言，由于难以计算主播个体产生或可能产生的具体收益，法院可能会参考合同中约定的违约金金额。

最后，对违约金合理性的判断，需要立足于行业的健康有序发展，并从营造良好与理性的市场竞争环境方面出发，对于不合理的高额违约金，应适当予以调整。

法律依据

《中华人民共和国民法典》

第五百八十五条　当事人可以约定一方违约时应当根据违约情况向对方支付一定数额的违约金，也可以约定因违约产生的损失赔偿额的计算方法。

约定的违约金低于造成的损失的，人民法院或者仲裁机构可以根据当事人的请求予以增加；约定的违约金过分高于造成的损失的，人民法院或者仲裁机构可以根据当事人的请求予以适当减少。

当事人就迟延履行约定违约金的，违约方支付违约金后，还应当履行债务。

艺人在何种情况下可以和经纪公司解约?

以案释法

某乐队与某经纪公司签订了《艺人独家经纪合同》，约定由该经纪公司为乐队处理有关演艺活动事宜。在合同履行过程中，由于双方发生争议，乐队通过社交媒体账号公开宣布已经与经纪公司达成解约合意，但实际上经纪公司并未同意。

乐队遂将经纪公司诉至法院，以经纪公司在演出活动现场没有安排艺人的人身保镖、结算不及时等为由要求确认解除与经纪公司的《艺人独家经纪合同》，经纪公司当庭同意解除合同，但解除合同的原因为乐队实际不履行合同导致合同无法继续履行，乐队应当承担违约责任。

法院审理后认为，虽然经纪公司当庭表示同意解除合同，但乐队发布的解约声明并非双方在先协商一致的结果，所以乐队要求确认解除合同的依据并非各方协议解除。经纪公司结算不及时的行为虽构成违约，但不是《艺人独家经纪合同》不能继续履行的根本原因，因此乐队无权解除合同。《艺人独家经纪合同》无法继续履行的根本原因为乐队提前解约，因此乐队应当承担违约责任。

学法用法

在艺人经纪合同的签订及履行过程中，难免会发生合作不够顺畅、利益分配不够合理的情况，此时艺人是否有权解除合同、能否顺利解除合同，就变成了一个非常重要的问题。对于经纪合同的解除，在法律上主要有以下三种方式：

首先，艺人与经纪公司可以协商一致解除经纪合同。

其次，艺人可以行使约定解除权。若经纪公司的违约行为符合约定的解约条件，则艺人享有约定解除权。但是，若经纪合同并未约定解除合同的条件，则无法适用该条规则。

最后，艺人还可以行使法定解除权。艺人享有法定解除权的情形包括：第一，因不可抗力致使不能实现合同目的；第二，在履行期限届满之前，经纪公司一方明确表示或者以自己的行为表明不履行主要债务；第三，经纪公司迟延履行主要债务，经催告后在合理期限内仍未履行；第四，经纪公司迟延履行债务或者有其他违约行为致使不能实现合同目的；第五，法律规定的其他情形。从司法实践看，依据第三点、第四点解约的艺人较多，其核心问题在于经纪公司是否构成根本违约。

素人发展成明星、网红，离不开经纪公司在培养、宣传、推广上付出的时间成本及商业代价。本着诚实守信的原则履行合同，是艺人和经纪公司的共同夙愿，也有利于整个演艺行业的良性发展。但是，经纪合同绝非一纸“卖身契”，艺人有权合法合理地解约。

因此，艺人要特别注意以下几点：第一，签约之前，艺人应当仔细审阅合同。拒绝签署极度不合理的内容，才能避免日后陷入不利地位。比如，要重点关注合同期限、具体培训项目和次数，明确解约条件等。第二，签约之后，艺人应当注意收集证据。面对经纪公司违约的现实，艺人要及时与经纪公司协商，可以发函要求对方依约完全履行。艺人的消极怠工或者直接出走，往往会使自己陷入违约的困局。只有获得满足约定解除或者法定解除条件的证据，艺人才能变被动为主动。第三，解约之时，艺人应当做到有理有节。艺人向经纪公司发送的解除合同通知书必须注明事由，且该事由需有的放矢，力求符合合同约定或者法律规定。

法律依据

《中华人民共和国民法典》

第五百六十二条 当事人协商一致，可以解除合同。

当事人可以约定一方解除合同的事由。解除合同的事由发生时，解除权人可以解除合同。

第五百六十三条 有下列情形之一的，当事人可以解除合同：

（一）因不可抗力致使不能实现合同目的；

（二）在履行期限届满前，当事人一方明确表示或者以自己的行为表明不履行主要债务；

（三）当事人一方迟延履行主要债务，经催告后在合理期限内仍未履行；

（四）当事人一方迟延履行债务或者有其他违约行为致使不能实现合同目的；

（五）法律规定的其他情形。

以持续履行的债务为内容的不定期合同，当事人可以随时解除合同，但是应当在合理期限之前通知对方。

网络直播打赏的法律性质是什么？不同法律性质之间有什么区别？

以案释法

吴某是一名网络主播，一直在某直播平台直播歌舞表演，该直播间内设有频道管理员，频道管理员拥有一定的管理某个直播间的权限，主播有权确认或取消直播间的频道管理员资格。老王是吴某的忠实粉丝，在观看直播的过程中曾向吴某打赏数百次，每次金额在0.1元至数千元不等，总计打赏4万余元。有一天，老王向吴某打赏了较大金额的礼物，成为当天打赏礼物最多的人，被吴某设置为该直播间的频道管理员。后来因二人发生分歧，吴某取消了老王的频道管理员资格，老王便将吴某诉至法院，认为吴某取消其频道管理员资格的行为违反服务合同的约定，要求吴某、账号所有者和直播平台共同退还老王消费款项4万余元，并赔偿老王的信赖利益损失。

法院经审理认为，老王与吴某之间不成立服务合同关系，任何浏览该直播平台的人均可观看吴某直播间的全部直播内容，吴某的直播表演不需要支付对价。老王基于观看直播后对吴某表演的满意、赞赏，向吴某以打赏的方式赠与金钱，在打赏的同时没有向吴某设定义务，是无偿、单务合同，由此形成的是赠与法律关系。频道管理员是一种管理身份，据以行使的是一定的管理权限，吴某向老王授予频道管理员身份，形成的是委托合同法律关系。吴某向老王授予管理员身份虽然发生在老王向吴某赠与礼物之后，但在老王赠与之前，老王或吴某均未向对方发出“赠送礼物换取永久频道管理员”的要约或承诺，老王赠与礼物与吴某授予频道管理员不是同一合同关系中的对价，而是各自在履行赠与合同和委托合同的义务，两个合同的权利义务之间没有对应关系。

因此老王无权因为频道管理员的身份被取消而要求撤销赠与。同时，老王与吴某没有对担任频道管理员约定报酬，属于无偿委托关系，解除该委托关系，老王没有任何损失，吴某无须向老王赔偿损失。

学法用法

随着网络直播行业的兴起，网络直播打赏金额也开始增加，像上述案例中粉丝在直播间豪掷千金的情形越来越常见，随之而来的是因为直播打赏而引起的退费纠纷，粉丝要求退还直播打赏的主张是否能够得到支持，很大程度上取决于直播打赏的法律性质。虽然在上述案例中法院认为直播打赏属于民法上的赠与，但在理论和实践中，直播打赏的法律性质仍然存在争议，大体分为服务合同说和赠与说两种观点。

服务合同说认为，网络主播提供的是表演服务，属于内容服务，应当适用法律对赠与合同以及《消费者权益保护法》的规定。而赠与说认为，主播在直播间进行的表演活动并没有以粉丝打赏为对价，换言之，如果任何人都可以进入直播间，并且无须打赏即可观看主播的表演，而直播观看者在主播表演后对主播进行打赏，就属于无偿赠与行为。

如果主播和打赏者之间成立赠与合同关系，那么除非存在法律明确规定的几种特殊情况，打赏者一般无法要求主播退还打赏的款项。如果主播和打赏者之间成立服务合同关系，则打赏者在支付对价后，有权要求主播提供约定的不违反法律、行政法规强制性规定的服务内容，比如在表演时间内表演特定内容等，如果主播违约，打赏者可以要求退还部分或者全部打赏款项。

直播行业的发展日新月异，直播平台纷繁众多，主播的直播方式因人而异，所以对网络打赏的法律性质也不能一概而论，要具体到某一案件中具体分析，比如在上述案例中，如果吴某在直播过程中明确表示“赠送礼物换取永久频道管理员”，那么可能就是另一种结果了。

法律依据

《中华人民共和国民法典》

第六百五十七条　赠与合同是赠与人将自己的财产无偿给予受赠人，受赠人表示接受赠与的合同。

第六百五十八条　赠与人在赠与财产的权利转移之前可以撤销赠与。

经过公证的赠与合同或者依法不得撤销的具有救灾、扶贫、助残等公益、道德义务性质的赠与合同，不适用前款规定。

第六百六十三条　受赠人有下列情形之一的，赠与人可以撤销赠与：

（一）严重侵害赠与人或者赠与人近亲属的合法权益；

（二）对赠与人有扶养义务而不履行；

（三）不履行赠与合同约定的义务。

赠与人的撤销权，自知道或者应当知道撤销事由之日起一年内行使。

未成年人充值打赏可以退回吗？需要满足什么条件？

以案释法

10岁的张小小在甲公司的直播平台APP上多次购买该直播平台代币，累计充值近10万元，并为多名主播打赏。张小小的父亲张三发现后，要求甲公司退还充值及打赏金额。甲公司称购买代币的钱是直接支付到手机应用商店中的，系与手机应用商店所属的手机公司成立合同关系，应向手机公司主张退还。后张三找到手机公司，手机公司拒绝退还。张三遂将甲公司诉至法院，要求退还张小小的充值及打赏金额。

法院经审理认为，张小小购买代币的合同相对人是甲公司，双方形成网络购物合同。年仅10岁的张小小购买近10万元人民币的代币用于打赏主播，该行为事后未能得到其法定代理人的同意、追认，亦非纯获利益的民事法律行为或者与其年龄、智力相适应的民事法律行为，该合同行为无效。但本案中，张小小深夜仍在APP上打赏主播，其监护人未能履行监护责任，且未能妥善保管自己的手机及银行卡密码，张小小的监护人应当对张小小购买代币的民事行为承担相应的责任。综上，酌定由甲公司返还张小小购币款6万元。

学法用法

根据《民法典》的规定，18周岁以上的自然人或者16周岁以上以自己劳动收入为主要生活来源的自然人为完全民事行为能力人，可以独立实施民事法律行为，承担民事法律责任。8周岁以上的未成年人为限制民事行为能力人，实施民事法律行为应由其法定代理人代理或者经其法定代理人同意、追认；但是，可以独立实施纯获利益的民事法律行为或者与其年龄、智力相适应的民事法律行为。不满8周岁的未成年人为无民事行为能力人，由其法定代理人代理实施民事法律行为。

因此，对于不满8周岁的未成年人，由于其为无民事行为能力人，无权自行实施包括充值、打赏在内的民事法律行为，该充值、打赏行为无效，充值、打赏款项应当予以退还。对于已满8周岁但不以自己劳动收入为主要生活来源的未成年人，如果充值、打赏行为与其年龄、智力不相适应，或者未经法定代理人同意、追认，则该充值、打赏行为无效，充值、打赏款项应当予以退还。当然，监护人如果存在过错，也需要承担一定的责任。对于已满16周岁且以自己劳动收入为主要生活来源的未成年人，视为完全民事行为能力人，可以独立实施民事法律行为，因此其充值、打赏行为有效，如无法律规定的或合同约定的其他情形，可以不予退还。

对于未成年人充值打赏及打赏款退回的问题，法律争议并不复杂，判断能否退还款项的难点在于证据。对于证据的收集，可以从以下角度进行：第一，证明该账号的注册主体为该未成年人，可以查看或者要求平台提供账号的注册人信息；第二，如果账号为监护人或者其他成年人的账号，则需要举证证明充值、打赏行为发生时，是该未成年人在使用手机或电脑，该未成年人是实际充值、打赏的主体，对此可以提供充值打赏时间、打赏同时发表的评论、家中视频监控等其他佐证材料，由于手机及账号在某一时间的实际使用人可能无法复现，所以在组织证据时能够证明存在高度可能性即可。

法律依据

《中华人民共和国民法典》

第十八条　成年人为完全民事行为能力人，可以独立实施民事法律行为。

十六周岁以上的未成年人，以自己的劳动收入为主要生活来源的，视为完全民事行为能力人。

第十九条 八周岁以上的未成年人为限制民事行为能力人，实施民事法律行为由其法定代理人代理或者经其法定代理人同意、追认；但是，可以独立实施纯获利益的民事法律行为或者与其年龄、智力相适应的民事法律行为。

第二十条 不满八周岁的未成年人为无民事行为能力人，由其法定代理人代理实施民事法律行为。

自媒体账号转让如何签约？有什么注意事项？

以案释法

甲公司拟将某母婴品牌的全媒体经营权转让，其中转让费80万元，保证金8万元，转让标的包含商标、微信账户、微博账户、淘宝达人账户及域名。

随后，甲公司与乙公司签订《成交确认书》，确认将该母婴品牌的全媒体经营权转让给乙公司，转让方作为甲方与受让方作为乙方签订了《经营项目转让合作协议书》，约定：经营项目的债权债务及相关法律风险，在转让基准日前由甲公司享有和承担，在转让基准日以后由乙公司享有和承担；本协议的任何一方违反或拒不履行其在本协议中任何声明、保证和义务，即构成违约；如未按本协议约定支付转让款项的，每延迟一日，每日应按未付金额的0.3%支付违约金，违约金计算至款项付清之日止。

协议签订后，由于转让品牌发生了知识产权侵权投诉，乙公司拒绝支付转让款，甲公司与乙公司因此发生争执。

学法用法

对于自媒体账号的可转让性问题，一般而言，根据平台的用户注册协议，用户通常仅享有账号的使用权而非所有权，这也是自媒体平台可以查封、注销用户自媒体账号的原因。换言之，自媒体注册人对账号没有所有权，自然无法转让账号的所有权。但是，自媒体平台并未直接限制自媒体账号运营权的转让，如果双方协商转让自媒体账号的运营权，为免争议，需要注意以下几点：

第一，注意转让方是否拥有完整的使用权。对于微信公众号、微博、知乎、快手等账号，可以在转让前核实其注册信息及管理员信息，确认转让方是否为实际注册使用人，并由转让方在合同中承诺其拥有账号的使用权及转让权。

第二，评估账号是否有历史上的侵权隐患。全面查看账号发布的历史内容，评估账号是否发布过违反法律法规或侵犯他人权益的内容，如发布过违反《广告法》规定的广告内容，未经许可擅自使用他人肖像、照片等。

第三，保证账号的使用权，限制原注册人的登录、更改密码等行为。由于转让的是使用权或者运营权，所以需要采取措施限制原注册人的登录、更改密码等行为，如更换绑定的邮箱、手机号，更换密保问题等。

第四，约定原注册人的配合义务。一般而言，如果账号注册在法人名下，则需要根据运营商的要求提供年检资料，包括但不限于营业执照等资料，所以此时需要约定原注册人的配合义务。

第五，设置新老划断条款。为避免后续纠纷，建议明确约定，转让前的风险和收益由转让人承担，转让后的风险和收益由受让人承担。并约定如果受让人对转让前的行为承担了责任，受让人有权向转让人追偿。

法律依据

《中华人民共和国民法典》

第六百一十条 因标的物不符合质量要求，致使不能实现合同目的的，买受人可以拒绝接受标的物或者解除合同。买受人拒绝接受标的物或者解除合同的，标的物毁损、灭失的风险由出卖人承担。

第六百一十七条 出卖人交付的标的物不符合质量要求的，买受人可以依据本法第五百八十二条至第五百八十四条的规定请求承担违约责任。

自媒体账号注册人和实际使用人不一致有什么法律风险?

以案释法

为了适应自媒体时代的营销和宣传方式，甲公司注册了微博账号、微信公众号等自媒体账号。由于没有专业人员运营，宣传效果并不理想，于是甲公司与乙公司签订合同，委托乙公司运营甲公司的自媒体账号。某日甲公司收到法院的传票，称甲公司的公众号发布的内容因为侵犯他人著作权被人起诉。

甲公司辩称，自媒体账号已经委托乙公司运营，账号发生的侵权行为与自己无关，并且甲公司与乙公司之间有协议，约定如因乙公司使用甲公司自媒体账号发布的内容侵权，应当由乙公司承担侵权责任。

但实际上，甲公司并不能依据其和乙公司之间的协议免除自己的侵权责任。

学法用法

合同是民事主体之间设立、变更、消灭民事权利义务的协议，依法成立并生效的合同对合同各方有约束力，但合同效力是相对的，原则上，合同的效力只及于缔结合同的主体，不约束合同以外的人。因此，委托人和受托人之间在合同中关于侵权责任的约定，仅对合同双方具有约束力，对权利人并无约束力，最终责任承担的问题需要在受托人和委托人内部解决。

因此，为了防范发生此类风险，笔者提供以下建议供读者参考：

首先，不要轻易使用自己的信息代他人注册账号，同时注意保护好个人信息，避免个人信息被他人冒用，注册自媒体账号。如果发现自己的身份证号或者手机号注册或绑定的自媒体账号并非自己注册的，应及时向运营商反映、投诉或者注销，如果运营商不配合注销，可以诉至法院要求注销。

其次，保留好实际使用人的使用证据或者账号非本人使用的证据，以证明侵权行为的实施主体。如果是代为注册的账号，则需要保留代为注册时的沟通记录，如微信聊天记录；还可以举证证明侵权行为发生时，本人根本无法使用该账号。此外，还可以向该自媒体平台主张调取该账号的登录设备和登录记录，以证明实际使用主体。

最后，如果是代为注册，可以以书面形式约定实际使用人承担使用账号发生的侵权责任，比如因该账号导致自己遭受损失的，可以向实际使用人追偿，实际使用人应当赔偿本人包括维权费用在内的全部损失，包括诉讼费、保全费、公告费、律师费、公证费和差旅费等。

法律依据

《中华人民共和国民法典》

第九百二十九条 有偿的委托合同，因受托人的过错造成委托人损失的，委托人可以请求赔偿损失。无偿的委托合同，因受托人的故意或者重大过失造成委托人损失的，委托人可以请求赔偿损失。

受托人超越权限造成委托人损失的，应当赔偿损失。

第一千一百九十四条 网络用户、网络服务提供者利用网络侵害他人民事权益的，应当承担侵权责任。法律另有规定的，依照其规定。

艺人与MCN公司签订合同时有什么注意事项?

以案释法

MCN（Multi-Channel Network）是舶来品，是一种多频道网络的产品形态，其将内容生产者联合起来，在资本的有力支持下，保障内容的持续输出，从而实现商业的稳定变现。可以把MCN机构理解为一个中介，发掘、培养出网红后，依托流量连接品牌和平台。

目前，我国MCN机构数量众多，MCN的整体市场规模还在不断扩张。与此同时，网红与MCN之间的争议也越来越多。

学法用法

实践中，MCN与网红签署的大多是经纪合同，根据合同的约定可能会形成劳动关系、委托关系或合作关系，不同的法律关系会产生不同的权利义务。

合同通常会对网红的工作内容和工作地点、工作时间和休息休假、社会保险、劳动保护、劳动条件和职业危害防护等进行一系列的约定，如果双方存在明显的隶属关系，可能会被认定为劳动关系；反之，则可能会被认定为委托关系或者其他合同关系。劳动关系下，MCN承担的责任较多。委托关系下，MCN的正常运行具有极大的不稳定因素，因为根据《民法典》第933条规定，委托人或者受托人可以随时解除合同。若认定为综合性的民商事合同，则应当明确约定双方的权利义务。就具体谈判地位而言，MCN与网红签署的合同多是约定由MCN提供网络推广、运营、包装以提高网红的人气和收益，同时由MCN负责商务合作对接、品牌打造等事宜。

但需要明确的是，合同的性质并非由合同的名称决定，起决定性作用的是合同的内容。在MCN与网红签署合同的过程中，只有注意合同内容、规避不必要的风险，才能达到避免不必要的损失的目的。在合同签署时，可以从以下维度审阅合同内容：

1. 主体条款审核。通过国家企业信用信息公示系统、中国裁判文书网、第三方信用机构等，可以查询和审核MCN主体及其法定代表人的涉诉情况、信用情况，从而识别信用和履约风险。

2. 合同期限条款审核。目前常见的演艺经纪合同的期限在5年以上，但实践中，网红热度周期并不长，网红如果不能持续发展其个人或者IP资源，期限过长，MCN不见得一定受益。同理，对网红而言，如果其对自己的内容生产有信心，签长约也有折价风险。与期限条款相关的是合同的自动续签问题，也应当在前述基础上，考虑是否自动续约、是否继续独家授权、是否继续享有优先续约权等条款内容。

3. 交易标的物条款审核。为合同双方考虑，对相关条款的处理原则应当是：如果是以形象表演为主的艺人，则“人的演艺”与“账号”应当打包交易；如果是非表演艺人，如以提供文字作品为主的网红，则“人”和“账号”可以分开交易。

4. 收益分成条款审核。为激励艺人、提升共同利益，如果MCN与艺人约定以粉丝数的多少作为利益分成的标准，则双方应当明确粉丝数的计算时点、手段和统计口径，以保证将粉丝数作为参考标准的有效性。

5. 业务风险防范条款审核。现在各网红之间竞争激烈，为了粉丝和流量不惜各种“出位”，个别网红的表演既有损害公序良俗的风险，也有侵害第三方权利之虞。因此，在交易方内部应明确未来可能产生的法律责任分配，以此减少未来的争议。

6.解约条款。在网红与MCN的合作中，解约条款，尤其是任意解约权的归属对双方都很重要。对网红来说，随着个人品牌度不断提高，天然地希望自身保有对经纪合同的任意解约权。而对MCN来说，在持续付出大量资源包装的情况下，让网红拥有任意解约权几乎是不可接受的。因此，MCN应当结合具体情况，在合同中明确规定合同的性质不属于委托合同，网红一般不具有任意解约权；网红则可以从利益平衡原则出发，与MCN协商订立最低保障条款。

法律依据

《中华人民共和国民法典》

第九百三十三条　委托人或者受托人可以随时解除委托合同。因解除合同造成对方损失的，除不可归责于该当事人的事由外，无偿委托合同的解除方应当赔偿因解除时间不当造成的直接损失，有偿委托合同的解除方应当赔偿对方的直接损失和合同履行后可以获得的利益。

签订自媒体广告推广合同时有什么注意事项？

以案释法

甲公司与张三签订自媒体广告推广合同，约定甲公司的奶粉品牌广告在张三的自媒体公众平台进行投放，服务费用25000元。合同签订后，张三按合同约定在其自媒体公众平台对相应广告进行了发布。在广告投放期间，张三的自媒体公众平台用户通过点击广告链接，实际购买的奶粉数量仅为10罐，远不能达到广告投放的预期效果。甲公司主张由张三承担违约责任，而张三认为广告投放效果不尽如人意的主要原因在于甲公司的奶粉品质不佳，导致消费者不愿意买单。

学法用法

目前自媒体的发展已经日趋成熟，各类自媒体号的市场定位明晰，粉丝增长量也相对稳定，因此，在自媒体投放广告、推广产品，已成为越来越多公司网络营销推广的重要方式之一。在签订自媒体广告推广合同时，为避免日后纠纷，合同各方对于风险点都应谨慎审查。

对于广告投放主体而言，在签订广告推广合同之前，要考察自媒体推广合作方的粉丝量、日常活跃量、日浏览量以及在当地的知名度等因素，以预估广告投放所能达到的宣传效果，根据可能达到的宣传效果制定合理的投放预算。

此外，为避免合同纠纷，广告推广合同中应当明确发布效果、费用支付方式以及违约责任。对于发布效果应明确标准，如以转发量、购买量、在线观看人数等客观指标为衡量标准。若约定了发布需要达到的效果，自媒体推广方就要注意保留相应的确认凭证材料（如签到名册、网页链接地址、网页报名截图、在线观看人数、后台购买数据信息等）。对于费用支付方式，可约定一次性支付或分阶段支付；也可约定若效果达到一定的条件时支付额外的费用或提高支付标准。对于违约责任，要明确构成违约的情形，如推广效果是否是衡量违约与否的标准，也应当约定未达到合同约定的发布效果的应对措施。

法律依据

《中华人民共和国民法典》

第四百六十五条　依法成立的合同，受法律保护。

依法成立的合同，仅对当事人具有法律约束力，但是法律另有规定的除外。

第四百七十条　合同的内容由当事人约定，一般包括下列条款：

（一）当事人的姓名或者名称和住所；

（二）标的；

（三）数量；

（四）质量；

（五）价款或者报酬；

（六）履行期限、地点和方式；

（七）违约责任；

（八）解决争议的方法。

当事人可以参照各类合同的示范文本订立合同。

员工在职期间为公司注册但在个人名下的自媒体账号，离职后公司有权要回吗？

以案释法

甲公司系一家文化传播公司，为了适应自媒体时代的营销和宣传方式，招聘了一位新媒体编辑，拟通过自媒体平台对外展开宣传。该新媒体编辑入职后，便负责注册、管理和运营公司的某短视频平台账号。后因工作变动，该新媒体编辑离职，公司在交接时发现，案涉账号注册登记在该新媒体编辑个人名下，并且已经进行了实名登记，甲公司无法自行变更登记，便要求该新媒体编辑进行变更，但该新媒体编辑认为该账号系其在入职之前注册的，属于个人所有，其个人有权处分。

为解决双方的争议，甲公司向法院提起了诉讼，要求确认账号实际使用人为甲公司，请求法院将该账号变更至甲公司名下，并要求该新媒体编辑承担侵权责任，赔偿甲公司的损失。

法院经审理后认为，一般网络账户的实名认证需要原注册手机号码提供验证码，而注册手机由甲公司持有，据此可以推定新媒体编辑实名认证系经甲公司允许，故账号实际使用人应为甲公司。但认证行为本身不具有过错，新媒体编辑无须承担侵权责任，但应协助甲公司办理该账号的实名认证变更。

学法用法

在公司发展初期或者公司成立前的项目试启动阶段，公司自媒体账号注册在个人名下的情况十分常见，部分公司在发展步入正轨后会将账号的注册主体迁移到公司名下，但仍有一些特殊情况会导致账号仍然注册在公司员工名下，此时若该员工离职，对账号的归属和权利处分极易发生争议。

在发生争议后，如果诉至法院，需要考虑账号权属及实名认证争议是否属于人民法院民事案件受理范围。在实践中，由于账号需要进行注册，并使用账号、密码进行登录，因此具有可支配性、排他性；账号本身具有经济价值，且通过发布广告也可以获得经济利益；如果账号系合法设立、合法申请、合法取得的，则具有合法性。因此，如没有特殊情况，一般认为账号属于法律规定的数据、网络虚拟财产。数据和网络虚拟财产作为一种特殊类型的物，依法应受到法律保护，当该财产权属产生争议或被侵权时，产生的争议属于人民法院民事案件的审理范围。

对于上述争议情况，账号的实际归属一般要结合账号的注册手机号、注册者和公司的关系、账号的实际使用情况进行判断：

一是要考察账号注册的手机号。民事权利可以依据民事法律行为、事实行为、法律规定的事件或者法律规定的其他方式取得。主体通过持有的手机号码申请和注册账号，属于通过事实行为取得账号的使用权，使用权原则上应当属于手机号码的主体。

二是要考虑账号的实际使用情况以及劳动关系。如果账号实际上系个人按照公司的要求进行使用，公司也为该账户支付了一定的推广费用，且该个人与公司之间存在劳动关系，公司向其支付报酬，则该个人运营账号的行为应当系职务行为，该支付行为产生的价值应当由支付劳动报酬的一方即公司取得，此时，公司有权请求法院要求离职员工将该账号交还公司。

法律依据

《中华人民共和国民法典》

第一百二十七条 法律对数据、网络虚拟财产的保护有规定的，依照其规定。

第一百二十九条 民事权利可以依据民事法律行为、事实行为、法律规定的事件或者法律规定的其他方式取得。

CHAPTER III

第三章

劳动关系

签约艺人与公司的劳动关系如何认定？

以案释法

6月28日，张某与甲文化传媒公司签订了一份《主播签约协议》。协议约定，张某为甲公司的签约主播，甲公司为张某提供演艺平台，甲公司有权对张某的行为实施监督管理。同时约定了张某的底薪、提成和奖金等待遇发放标准及方式，并对张某每月的直播天数、时长、工作时间和请假审批等作出了详细约定。协议还对开播时间以及未达开播时间不予发放工资等情形作出了约定。

11月23日，张某向劳动人事争议仲裁委员会申请仲裁，要求甲公司支付工资、确认劳动关系等。仲裁委作出裁决，驳回了张某的请求。随后，张某诉至法院，请求确认其与甲公司存在劳动关系，并要求甲公司支付拖欠的工资。

法院经审理后认定，甲公司与张某均具有符合法律法规规定的劳动关系主体资格，甲公司依法制定的主播管理规定等劳动规章制度适用于张某。张某日常的直播天数、时长、演艺平台和参与公司宣传活动等工作内容由甲公司安排，并需要遵守甲公司的考勤、请假管理及不得在其他平台或网站开播等规章制度，甲公司按月发放劳动报酬，故双方存在管理与被管理的人身隶属关系，《主播签约协议》符合劳动合同的性质、特点，认定双方之间属于劳动关系。

学法用法

近年来，随着网红经济的繁荣，各种各样的艺人及网红经纪公司如雨后春笋般涌现且迅速发展。与此同时，签约艺人与公司之间的纠纷和矛盾也逐年增加，而其中，关于艺人与公司之间法律关系的认定始终是争议焦点。事实上，艺人与公司之间存在何种法律关系，很大程度上取决于双方签署的合同内容。实践中，艺人与公司签署的合同类型五花八门，有《主播签约协议》《合作协议》《经纪合同》《劳动合同》等。

本案中，法院认定双方签署的《主播签约协议》符合劳动关系的特征，因而认定双方存在劳动关系，从而支持了张某的诉讼请求。但在司法实践中，并不是每一个艺人与公司之间存在劳动关系的主张都能得到法院的支持。签约艺人与公司的法律关系问题存在非常大的争议，且在不同情形下法院的判决结果也天差地别。目前，实践中对于这一问题的认定，主要有三种情形：一是劳动关系；二是劳务关系；三是合同关系。那么，签约艺人与公司的劳动关系应该如何认定呢？

根据《劳动和社会保障部关于确立劳动关系有关事项的通知》（劳社部发〔2005〕12号）的规定，用人单位与劳动者之间同时具备如下条件的，成立劳动关系：

首先，主体资格。成立劳动关系，用人单位与劳动者必须具备法律规定的主体资格条件。具体而言，用人单位包括中华人民共和国境内的企业、个体经济组织、民办非企业单位、国家机关、事业单位、社会团体、会计师事务所、律师事务所等合伙组织和基金会以及依法取得营业执照或者登记证书的用人单位的分支机构等。也就是说，我们日常生活中常见的各种类型的企业、公司及其分支机构，只要进行了合法的注册登记，都属于用人单位。而劳动者一般指年满16周岁且尚未享受基本养老保险待遇的自然人。

其次，管理从属性。成立劳动关系，用人单位与劳动者之间必须具备人身及财产两方面的管理从属性。这一点正是判定艺人与公司是否存在劳动关系的重点。

人身从属性。本案中，尽管双方签署的是《主播签约协议》，但协议约定公司有权对张某的行为实施监督管理，其内容也能够体现出公司规定了劳动时间、请假和考勤等内容，这表明双方并非相互独立、平等的民事关系，而是存在人身方面的管理、从属关系。

财产从属性。本案中，协议明确约定了张某的待遇由底薪、提成和奖金构成，且对各部分构成均有明确规定。同时，协议对张某的请假审批、开播时间以及未达开播时间不予发放工资等的规定，均表明公司系以工资的形式向张某支付报酬，而非单纯对直播收益进行分割，且甲公司对张某进行了考勤及考核。工资的管理和发放以及对应的考勤、考核内容，均能体现出张某对公司存在明显的财产从属性。

一般而言，判断是否存在管理从属性，可以从以下几方面综合考量：第一，劳动者是否服从用人单位的管理；第二，劳动者是否受用人单位规章制度的约束；第三，用人单位是否有权对劳动者进行考核；第四，用人单位是否可以决定劳动者工资报酬的发放；第五，劳动者的劳动条件是否由用人单位提供等。

最后，业务相关性。即劳动者提供的劳动必须与用人单位的主营业务密切相关，如劳动者提供的劳动并不是用人单位业务的组成部分，即使用人单位发放了报酬，也不能认定为劳动关系。

此外，公司招聘广告的内容等也是判断双方是否存在劳动关系的重要参考因素，如公司的招聘广告中包含了诸如“高薪诚聘”“底薪+提成”“五险一金”等明确具有劳动关系性质的内容，而双方签署的合同内容又符合上述标准，法院也会倾向于认定双方构成劳动关系。

综上所述，认定艺人与公司是否存在劳动关系，主要判断艺人与公司的关系是否同时具备主体资格、管理从属性及业务相关性的特点，同时结合书面合同、工资及社保记录、招聘信息、工作证件和考勤记录等证据进行综合判定。

法律依据

《中华人民共和国劳动合同法》

第二条 中华人民共和国境内的企业、个体经济组织、民办非企业单位等组织（以下称用人单位）与劳动者建立劳动关系，订立、履行、变更、解除或者终止劳动合同，适用本法。

国家机关、事业单位、社会团体和与其建立劳动关系的劳动者，订立、履行、变更、解除或者终止劳动合同，依照本法执行。

《劳动和社会保障部关于确立劳动关系有关事项的通知》

一、用人单位招用劳动者未订立书面劳动合同，但同时具备下列情形的，劳动关系成立。

（一）用人单位和劳动者符合法律、法规规定的主体资格；

（二）用人单位依法制定的各项劳动规章制度适用于劳动者，劳动者受用人单位的劳动管理，从事用人单位安排的有报酬的劳动；

（三）劳动者提供的劳动是用人单位业务的组成部分。

主播签订劳动合同时有什么注意事项？

以案释法

阿娇与某网络中心签订了一份《主播经纪协议》，约定阿娇从事的主播事业包括参与所有游戏等娱乐的线上、线下直播、录制或表演之一切相关演艺事务，以及涉及阿娇之名誉、姓名、肖像、表演、著作权之一切相关演艺活动；由某网络中心在全球范围内担任阿娇的独家经纪公司，享有阿娇的独家全部主播事业经纪权。在该份经纪协议中，双方还约定了各自的权利义务、权利归属、合作费用、收益分配和违约责任等。

4月19日，阿娇向劳动人事争议仲裁委员会申请仲裁，要求：第一，确认1月1日至3月31日，其与该网络中心存在劳动关系；第二，该网络中心支付解除劳动关系的经济补偿金2500元。该仲裁委员会作出裁决，对阿娇的请求均不予支持。阿娇不服该仲裁裁决，遂诉至法院。

法院经审理认为，从阿娇与某网络中心签订的《主播经纪协议》的内容来看，双方就开展网络直播活动的权利义务进行了约定，并没有订立劳动合同的合意。阿娇的主要工作是在某网络中心指定的互联网平台上进行直播活动，双方收益按三七开的比例进行分配，其中某网络中心得30%，阿娇得70%。阿娇的主播工作在其家中完成，阿娇无须到某网络中心的办公场所上班，亦无须遵守某网络中心的规章制度。因此，该份协议系双方就开展演艺活动、提供经纪服务等民事活动的权利义务约定，并非劳动权利义务的约定，不符合劳动关系的特征。

学法用法

在众多艺人与公司的纠纷中，要求确认劳动关系、支付经济补偿金等劳动争议占了相当大的比重。而在此类案例中，存在一个普遍性的认识误区：从艺人的角度看，虽然其并未与公司签署正式的劳动合同，但他们认为自己为公司打工，从公司领取工资，就是公司的员工。当因公司解约或未提供相应的劳动保障而产生争议时，基于所签署合同类型的特殊性，他们便会先请求确认劳动关系，进而主张自己的权益。其中，法院最终判决艺人与公司不存在劳动关系的案例也为数不少。之所以产生这样的误区与裁判结果，很大的原因在于签约者并不清楚自己所签署的是否为他们所认为的“劳动合同”。那么，如何识别自己签署的是不是劳动合同？签署劳动合同时有什么注意事项？

1. 签署书面劳动合同。合同是确定签约双方权利义务的协议，书面劳动合同是确定劳动关系最重要、最直接的依据。我国《劳动合同法》明确规定，建立劳动关系，应当订立书面劳动合同。书面劳动合同是证明劳动关系的重要证据，也是依法缴纳社会保险所必需的文件。在实践中，未签署书面劳动合同，极易引发劳动争议。

2. 注意签署合同的类型。在艺人与公司签署的五花八门的合同中，既存在以劳动合同之名行劳务或合作关系之实的情形，也存在以各种经纪协议、独家签约协议等形式来掩盖事实劳动关系的情形。而不同类型的合同，可能在签约者之间建立起不同的法律关系，也意味着不同的权利义务和维权方式。因此，在签约时明确所签合同的类型是至关重要的。在签约时，一定要清楚所签合同是不是劳动合同、是否具备劳动合同的必备内容和条款等问题，以避免因合同类型不明引发纠纷。

3. 确定用人单位主体。劳动关系是劳动者与用人单位之间建立的法律关系，在签署劳动合同时，除了要关注用人单位主体的合法性之外，确保实际用人单位与劳动合同签约主体的一致性也是值得注意的问题。实践中存在大量劳动者因未注意这一问题，从而导致在发生争议时维权遇到重重阻碍，甚至难以确定劳动关系的情形。

4.关注劳动合同内容。在大量签约艺人与公司的劳动争议案件中，法院最终裁判双方不存在劳动关系的重要原因之一就是双方签署的书面合同不具备劳动合同的必备条款，从而法院认定其不属于劳动合同。根据我国《劳动合同法》的规定，劳动合同应当载明用人单位的名称、住所和法定代表人或者主要负责人；劳动者的姓名、住址和居民身份证或者其他有效身份证件号码；劳动合同期限；工作内容和工作地点；工作时间和休息休假时间；劳动报酬；社会保险；劳动保护、劳动条件和职业危害防护等内容。在签署劳动合同时，建议仔细查看劳动合同内容，确定是否包含以上必备条款，尤其要注意劳动报酬、工作内容、工作条款和岗位职责等核心条款。

5.注意违约金条款。在实践中，许多公司为了防止因员工随意跳槽、离职等给公司造成损失，往往会在合同中约定各种违约金以约束劳动者。但根据我国《劳动合同法》的规定，用人单位只有在以下情形出现时才可以约定违约金：（1）劳动者违反服务期约定的，应当按照约定向用人单位支付违约金；（2）对负有保密义务的劳动者，用人单位可以在劳动合同或者保密协议中与劳动者约定竞业限制条款，劳动者违反竞业限制约定的，应当按照约定向用人单位支付违约金。除了以上两种情形之外，在劳动合同中约定的其他类型的违约金条款，均违反劳动法的规定，属于无效条款。如在签约时发现所签“劳动合同”中存在大量违约条款且约定了高额违约金，一定要注意所签合同的性质，确定其是否属于劳动合同。

此外，在签署劳动合同时，劳动合同中的试用期、规章制度、劳动合同的签署方式（是否为空白文本）、劳动合同文本的交付和保管以及是否实际缴纳社会保险等，都是需要重要关注的问题，无论是劳动者还是用人单位，均不可掉以轻心。

法律依据

《中华人民共和国劳动合同法》

第十条 建立劳动关系，应当订立书面劳动合同。

已建立劳动关系，未同时订立书面劳动合同的，应当自用工之日起一个月内订立书面劳动合同。

用人单位与劳动者在用工前订立劳动合同的，劳动关系自用工之日起建立。

第十七条 劳动合同应当具备以下条款：

（一）用人单位的名称、住所和法定代表人或者主要负责人；

（二）劳动者的姓名、住址和居民身份证或者其他有效身份证件号码；

（三）劳动合同期限；

（四）工作内容和工作地点；

（五）工作时间和休息休假；

（六）劳动报酬；

（七）社会保险；

（八）劳动保护、劳动条件和职业危害防护；

（九）法律、法规规定应当纳入劳动合同的其他事项。

劳动合同除前款规定的必备条款外，用人单位与劳动者可以约定试用期、培训、保守秘密、补充保险和福利待遇等其他事项。

公司迟迟不签署劳动合同，主播如何依法维权？

以案释法

2017年10月8日，璐璐入职某文化传播公司担任主播，双方未签订书面劳动合同。璐璐的月工资标准为5000元，每月以现金形式发放上个自然月的工资，发放时间不固定，入职时未约定劳动合同期限，实际工作至2018年5月26日。后璐璐以该文化传播公司不签署书面劳动合同为由提出辞职，璐璐的工资支付至2018年1月31日。

2018年6月30日，璐璐就本案劳动争议向劳动人事争议仲裁委员会提出仲裁申请。仲裁委作出裁决：一、该文化传播公司支付璐璐2018年2月1日至2018年5月26日期间的工资；二、该文化传播公司支付璐璐2017年10月8日至2018年5月26日未签订劳动合同的双倍工资差额；三、该文化传播公司支付璐璐解除劳动合同的经济补偿金；四、驳回璐璐的其他仲裁请求。该文化传播公司不服，诉至法院。

该文化传播公司称因璐璐简历造假，且迟迟不肯向公司递交离职证明，导致公司无法与其签订劳动合同。且璐璐所称的入职时间、工资标准和离职时间等均与事实严重不符，请求法院判决公司无须向璐璐支付工资及经济补偿。

法院经审理认为，发生劳动争议，当事人应对自己的主张及时提供证据。与争议事项有关的证据属于用人单位掌握管理的，用人单位应当提供；用人单位不提供的，应当承担不利后果。用人单位应当及时与劳动者签订书面劳动合同。该文化传播公司主张系因璐璐未提供离职证明，而未与璐璐签订劳动合同，缺乏法律依据，且璐璐对此不予认可，法院对该文化传播公司的该项意见不予采纳。最终，法院判决该文化传播公司向璐璐支付未签劳动合同的双倍工资差额。

学法用法

随着经济社会的发展，民众的法律意识也在不断提升。但实践中还是存在大量的不签署劳动合同等“原始粗放”的劳动用工模式，无论对用人单位还是劳动者，都存在较大法律风险。

从用人单位的角度讲，签署书面劳动合同是法定义务，也是规避劳动用工风险的必要措施。根据我国《劳动合同法》的相关规定，用人单位自用工之日起超过1个月不满1年未与劳动者订立书面劳动合同的，应当向劳动者每月支付双倍工资。从劳动者的角度讲，书面劳动合同是证明劳动关系最直接、最重要的证据，也是主张自己合法权益的重要依据。如果用人单位迟迟不签劳动合同，主播应当如何维权呢？

1. 与公司协商，要求签署劳动合同。解决纠纷或争议最为快捷的方式是沟通、协商。如劳动者愿意继续留在公司工作，可向公司提出自己的主张和诉求，尝试与公司协商解决。当然，如果已经不想继续留在公司，而协商又无法就赔偿金额达成一致，则可直接申请劳动仲裁。在诉诸法律之前，要注意收集、保存相关证据。

2. 收集、保存证据。劳动合同是证明劳动关系存在最直接的证据，但在未签署劳动合同的情况下，劳动者提出主张的前提是证明存在劳动关系。在此情形下，劳动者可以收集用人单位招聘时的《登记表》、用人单位颁发的工作证、考勤记录、工资发放记录、社保缴费记录、工作文件以及工作微信记录和同事证言等。

如以上证据全部无法收集到，劳动者可以尝试先向当地劳动监察部门投诉，要求劳动监察部门进行协调，协助取证。但使用该种方式取证可能会受到诸多因素的影响。

3.依法申请仲裁或提起诉讼。在协商不成之后，劳动者就需要拿起法律武器依法维权了。在收集到初步证据的前提下，劳动者可向劳动合同履行地或用人单位所在地的劳动人事争议仲裁委员会提起仲裁，要求公司支付未签署劳动合同期间的双倍工资差额。如对仲裁结果不服，可依法向人民法院提起诉讼。

在劳动争议仲裁或诉讼中，劳动者除要求支付双倍工资差额外，还可以选择解除劳动合同并请求支付经济补偿金，或者要求公司继续履行劳动合同。需要提醒劳动者注意的是，根据我国法律规定，劳动争议申请仲裁的时效期间为1年，劳动者需在法律规定的期限内行使权利，避免成为“躺在权利上睡觉的人”。

法律依据

《中华人民共和国劳动合同法》

第八十二条　用人单位自用工之日起超过一个月不满一年未与劳动者订立书面劳动合同的，应当向劳动者每月支付二倍的工资。

用人单位违反本法规定不与劳动者订立无固定期限劳动合同的，自应当订立无固定期限劳动合同之日起向劳动者每月支付二倍的工资。

《中华人民共和国劳动争议调解仲裁法》

第二十七条　劳动争议申请仲裁的时效期间为一年。仲裁时效期间从当事人知道或者应当知道其权利被侵害之日起计算。

前款规定的仲裁时效，因当事人一方向对方当事人主张权利，或者向有关部门请求权利救济，或者对方当事人同意履行义务而中断。从中断时起，仲裁时效期间重新计算。

因不可抗力或者有其他正当理由，当事人不能在本条第一款规定的仲裁时效期间申请仲裁的，仲裁时效中止。从中止时效的原因消除之日起，仲裁时效期间继续计算。

劳动关系存续期间因拖欠劳动报酬发生争议的，劳动者申请仲裁不受本条第一款规定的仲裁时效期间的限制；但是，劳动关系终止的，应当自劳动关系终止之日起一年内提出。

公司欠薪怎么办，如何依法讨薪？

以案释法

2018年8月9日，王某到某文化传媒工作室担任主播从事网络直播工作，王某的工资以打卡方式支付，工资构成为保底工资5000元/月加提成，提成为幸运礼物15%、豪华礼物30%。工作时间为6小时/天，工作时间、直播内容均由王某自主支配。因文化传媒工作室未按时支付王某工资，王某向劳动争议仲裁委员会提交了仲裁申请。仲裁委作出仲裁裁决如下：文化传媒工作室给付王某2018年9月1日至2018年10月24日期间工资。仲裁书送达后，文化传媒工作室不服，起诉至法院。

法院认为，王某到文化传媒工作室从事主播工作，双方约定文化传媒工作室以打卡方式向王某支付工资，王某工作时间为6小时/天，工作时间、直播内容均由王某自主支配。虽王某与文化传媒工作室之间的关系松散，但王某与文化传媒工作室均符合法律、法规规定的主体资格，王某受文化传媒工作室的劳动管理，从事文化传媒工作室安排的有报酬的劳动，且王某提供的劳动是文化传媒工作室单位业务的组成部分，故王某与文化传媒工作室存在劳动关系。王某向文化传媒工作室提供劳动，工作室应按照相关规定足额支付劳动报酬，文化传媒工作室拖欠王某工资，已构成违约。最终，法院判决文化传媒工作室向王某支付拖欠的2018年9月1日至2018年10月24日期间工资。

学法用法

自媒体时代，随着各种自媒体公司和平台蓬勃发展的，还有相应的从业人员。他们有的是游戏玩家，有的是带货主播，有的是知名博主，还有的是网络写手。他们受雇于各种网络、文化传媒等自媒体公司，从事着走在时代前沿的工作，却并没有享受到前沿的法律保护。打开网页、翻看新闻，随处可见平台欠薪、主播讨薪的案例。当劳动者被欠薪成为这个新兴行业的热点问题，我们就不得不关注，遭遇公司欠薪时，自媒体从业人员应当如何依法讨薪的问题。

遭遇公司欠薪，劳动者该如何依法讨薪呢？以下方式可供参考：

1.明确合同性质。实践中，主播与平台签署的合同类型五花八门，有的属于合作合同，有的属于劳务合同，还有的属于劳动合同，而不同性质的合同下的讨薪方式和途径也不同。如属于合作合同或劳务合同，可以直接根据合同约定，向人民法院起诉要求支付报酬；如属于劳动合同，则需要依法按照如下追讨劳动报酬的方式进行。

2.收集、固定证据。发生劳动争议，作为劳动者一方，维权的前提是证明存在劳动关系。此时，就需要劳动者收集、固定相关的证据。就主播等自媒体从业者而言，与平台签署的《劳动合同》等书面协议，单位的规章制度，薪酬、提成制度，工资发放记录，自己工作时的考勤、打卡记录，直播记录以及在工作中形成的文件等，均属于能够证明劳动关系存在的有效证据。

此处需要注意的是，虽然我国法律规定，在劳动争议纠纷案件中，因用人单位作出开除、辞退、除名、解除劳动合同、减少劳动报酬、计算劳动者工作年限等决定而发生劳动争议的，由用人单位负举证责任，但还是建议劳动者尽可能收集对己有利的证据，尤其是在讨薪案件中，因为大量的讨薪案件中都包含着高额的提成、绩效奖励乃至加班费等，所以这些方面的证据还是需要劳动者举证证明的。

3. 协商、投诉解决。无论是仲裁还是诉讼，都是耗时久、成本高的维权方式，在选择打官司之前，可以先行沟通、协商。在取得初步证据后，可向平台提出自己的主张和诉求，试着与公司协商解决。协商不成，则可依法向当地劳动监察部门投诉反映，请求主管部门予以处理。在实践中，大量的劳动争议案件都是在劳动监察部门的调解之下解决的。相对而言，投诉有时是一种较为省时省力的维权方式。

4. 依法申请仲裁或提起诉讼。在协商不成，又对投诉的处理结果不满意时，就需要拿起法律武器依法维护自己的合法权益了。此时，劳动者可向有管辖权的劳动人事争议仲裁委员会提起仲裁，要求公司支付拖欠的薪资，并主张因公司拖欠工资导致解除劳动合同的经济补偿。如对仲裁结果不服，可依法向人民法院提起诉讼。

需要提醒广大“讨薪者”注意的是，讨薪、维权都要合法合规。在法律明确规定了维权方式和途径的情况下，劳动者应严格按照法律规定的程序和方式，依法维权、合法讨薪，切忌各种过激甚至违法的言行，以避免不必要的法律风险。

法律依据

《中华人民共和国劳动法》

第五十条　工资应当以货币形式按月支付给劳动者本人。不得克扣或者无故拖欠劳动者的工资。

第九十一条　用人单位有下列侵害劳动者合法权益情形之一的，由劳动行政部门责令支付劳动者的工资报酬、经济补偿，并可以责令支付赔偿金：

（一）克扣或者无故拖欠劳动者工资的；

（二）拒不支付劳动者延长工作时间工资报酬的；

（三）低于当地最低工资标准支付劳动者工资的；

（四）解除劳动合同后，未依照本法规定给予劳动者经济补偿的。

《劳动和社会保障部关于确立劳动关系有关事项的通知》

二、用人单位未与劳动者签订劳动合同，认定双方存在劳动关系时可参照下列凭证：

（一）工资支付凭证或记录（职工工资发放花名册）、缴纳各项社会保险费的记录；

（二）用人单位向劳动者发放的“工作证”、“服务证”等能够证明身份的证件；

（三）劳动者填写的用人单位招工招聘“登记表”、“报名表”等招用记录；

（四）考勤记录；

（五）其他劳动者的证言等。

其中，（一）、（三）、（四）项的有关凭证由用人单位负举证责任。

完不成任务就不发工资，公司此举合法吗？

以案释法

小强于2014年7月14日入职某文化公司，公司主要在各大平台进行直播卖货。小强入职后成为一名主播，双方签订了劳动合同书，约定合同期限自2014年7月14日至2017年7月13日，试用期3个月，试用期内月薪总额2600元，转正后月薪（含岗位绩效）总额为3500元。2016年1月1日，文化公司制定了2016年薪酬绩效考核制度，确定了员工的薪资结构及相应的任务、考核要求，注明了销售任务按照季度考核，如连续两个季度不达标，公司有权对该员工进行调薪、调岗或辞退处理。小强选定了基本工资为5500元的档位及对应的任务并签字。2016年8月19日，文化公司因小强未完成2016年第一、二季度的直播销售任务，未支付其相应的绩效工资，并要求小强签署绩效考核薪资调整确认函，小强对此予以了拒绝。

2016年9月8日，小强向劳动人事争议仲裁委员会提出仲裁申请，要求公司支付未发的工资差额。公司则提出反申请，要求小强返还超额领取的工资14000元。2016年12月10日，仲裁委员会作出裁决：公司支付小强工资差额。公司对仲裁裁决不服，诉至法院。

法院经审理后认为，公司制定的2016年薪酬绩效考核制度确定了员工的薪资结构及相应的任务、考核要求，注明了直播销售任务按照季度考核，如连续两个季度不达标，公司有权对该员工进行调薪、调岗或辞退处理，小强选定了基本工资为5500元的档位及对应的任务并签字。现公司虽主张小强

2016年第一、二季度均未完成直播销售任务，但未提交充分有效的证据予以证明，法院不予支持。最终，法院判决公司向小强支付工资差额。

学法用法

在企业劳动用工管理实践中，许多公司为了充分激励员工，往往会选择与劳动者约定采用绩效考核的模式，要求劳动者在完成一定的工作任务之后，再发放相应的工资，而当员工未完成约定或者认领的工作任务时，公司就会少发或者不发工资。在劳动者未能足额领取期待的工资，或公司以员工未完成任务而辞退员工时，就极易产生劳动争议。

那么，完不成工作任务就不发或者少发工资的做法合法吗？这个问题不能一概而论，要分情况考虑。

第一种情况，不发基本工资或最低工资。许多公司在员工的薪酬体系中，都采用了底薪（基本工资）+各类绩效工资的模式。在这一模式下，公司确定的基本工资一般较低，很多都是等于或者略高于当地最低工资标准。当公司以员工未完成工作任务为由扣发基本工资，或发放的基本工资低于当地最低工资标准时，往往会被法院认定为违法。

第二种情况，不发固定工资。在一些初创公司或者规模较小的公司中，因公司的劳动人事管理规范性不强，往往会在劳动合同中约定单一的固定工资。而在实际用工过程中却要求员工认领任务，并视任务完成的情况发放工资，但相关要求并未在劳动合同中明确约定，也未依法制定相应的规章制度。在这种情况下，公司以员工未完成工作任务为由不发或少发工资，就会被认定为违法。

第三种情况，不发绩效工资。部分规模较大、劳动用工管理较为规范的公司会与员工详细约定工资报酬的组成、发放方式和考核方式等，并依法制定详细的绩效考核等规章制度。此种情况下，判断公司以员工未完成工作任务为由不发或者少发工资是否合法，就需要综合以下因素及证据来判定：第一，劳动合同的约定。根据我国劳动法的规定，劳动者的工资报酬是劳动合同的必备条款，需要进行明确约定。第二，公司相应规章制度的制定程序是否合法合规。用人单位在制定、修改或者决定有关劳动报酬、工作时间、休息休假、劳动安全卫生、保险福利、职工培训、劳动纪律以及劳动定额管理等直接涉及劳动者切身利益的规章制度或者重大事项时，应当经职工代表大会或者全体职工讨论，提出方案和意见，与工会或者职工代表平等协商确定。用人单位应当将直接涉及劳动者切身利益的规章制度和重大事项决定予以公示或者告知劳动者。第三，是否有相应的证据证明。此处的证据既包括公司制定规章制度的程序合法合规的证据，也包括劳动者未完成相应工作任务的证据。在劳动人事争议中，由于举证责任倒置，用人单位需要承担大量的举证责任，因此，在产生劳动争议时，为证明用人单位的做法合法合规，就需要对以上事项充分举证。

综上所述，判断员工未完成工作任务，公司不发或少发工资的做法是否合法，需要结合劳动合同的内容、用人单位的规章制度以及相应的证据情况综合判定。

法律依据

《中华人民共和国劳动法》

第五十条　工资应当以货币形式按月支付给劳动者本人。不得克扣或者无故拖欠劳动者的工资。

《中华人民共和国劳动合同法》

第四条　用人单位应当依法建立和完善劳动规章制度，保障劳动者享有劳动权利、履行劳动义务。

用人单位在制定、修改或者决定有关劳动报酬、工作时间、休息休假、劳动安全卫生、保险福利、职工培训、劳动纪律以及劳动定额管理等直接涉及劳动者切身利益的规章制度或者重大事项时，应当经职工代表大会或者全体职工讨论，提出方案和意见，与工会或者职工代表平等协商确定。

在规章制度和重大事项决定实施过程中，工会或者职工认为不适当的，有权向用人单位提出，通过协商予以修改完善。

用人单位应当将直接涉及劳动者切身利益的规章制度和重大事项决定公示，或者告知劳动者。

《关于贯彻执行〈中华人民共和国劳动法〉若干问题的意见》

56.在劳动合同中，双方当事人约定的劳动者在未完成劳动定额或承包任务的情况下，用人单位可低于最低工资标准支付劳动者工资的条款不具有法律效力。

公司未依法缴纳社保，可以要求经济补偿吗？

以案释法

2016年8月26日，小雨入职某直播公司，担任化妆品销售主播一职，直播公司与小雨签订了劳动合同书，约定：本合同为固定期限劳动合同，自2016年8月26日起生效，于2019年9月30日终止，其中试用期至2016年12月25日止。小雨同意根据直播公司工作需要，担任销售主播工作。小雨每天须在公司的直播间定时开播，每天的直播时长不少于8小时。

2018年11月，因直播公司停止为小雨缴纳社会保险，小雨向劳动人事争议仲裁委员会申请劳动仲裁，仲裁委作出不予受理通知书并于当日送达小雨。小雨不服，遂向法院提起诉讼。

法院经审理认为，劳动者的合法权益受法律保护。用人单位未及时足额支付劳动报酬、未依法为劳动者缴纳社会保险的，劳动者可以解除劳动合同。劳动者因上述原因解除劳动合同的，用人单位应当向劳动者支付经济补偿金。

学法用法

网络直播作为近年来的新兴行业吸引了众多年轻人，也诞生了大量以直播售货为主营业务的公司，而其中尤以化妆品行业为突出。新型的行业催生了不同的用工模式。有的直播公司以与主播签署《经纪协议》《独家合作协议》等方式，对主播的直播时长、独家合作等进行约定。而在实践中，许多此种类型的合同并不会被认定为存在劳动关系，直播公司依法无须为主播缴纳社会保险。但也有一些直播公司会自己招聘主播，通过签署正式的《劳动合同》或进行典型的劳动纪律管理的方式规范主播的直播行为。

参加社会保险并享受社会保险待遇是法律赋予劳动者的合法权益，而为劳动者依法、足额缴纳社会保险则是用人单位的法定义务。然而，在新兴的直播行业中，由于受不同用工模式的影响，往往会形成"主播不交社保"的行业惯例。殊不知，这样的"行业惯例"在劳动用工领域是违法的。

我国《劳动合同法》第38条规定，用人单位未依法为劳动者缴纳社会保险费的，劳动者可以解除劳动合同；第46条规定，劳动者依照本法第38条规定解除劳动合同的，用人单位应当向劳动者支付经济补偿。本案中，直播公司在2018年11月至劳动合同解除期间，未依法为小雨缴纳社会保险，故小雨可依法解除劳动合同，并有权要求直播公司支付经济补偿。

所谓社会保险，包括基本养老保险、基本医疗保险、工伤保险、失业保险和生育保险。根据我国《社会保险法》的规定，基本养老保险、基本医疗保险和失业保险由用人单位和职工按照国家规定共同缴纳，而工伤保险、生育保险则仅由用人单位按照国家规定缴纳，劳动者无须缴纳。在实践中，未依法缴纳社会保险的情形包括全部不缴纳、部分不缴纳、缴费基数偏低和迟延缴纳等。无论属于哪种情形，都是侵害劳动者合法权益的违法行为。

对于用人单位未依法缴纳社会保险的行为，劳动者可以选择向当地劳动监察部门或社会保险管理部门投诉，要求用人单位予以补缴；也可以选择向劳动仲裁委申请仲裁、向人民法院提起诉讼，要求解除劳动合同，支付经济补偿等。

法律依据

《中华人民共和国劳动合同法》

第三十八条 用人单位有下列情形之一的，劳动者可以解除劳动合同：

（一）未按照劳动合同约定提供劳动保护或者劳动条件的；

（二）未及时足额支付劳动报酬的；

（三）未依法为劳动者缴纳社会保险费的；

（四）用人单位的规章制度违反法律、法规的规定，损害劳动者权益的；

（五）因本法第二十六条第一款规定的情形致使劳动合同无效的；

（六）法律、行政法规规定劳动者可以解除劳动合同的其他情形。

用人单位以暴力、威胁或者非法限制人身自由的手段强迫劳动者劳动的，或者用人单位违章指挥、强令冒险作业危及劳动者人身安全的，劳动者可以立即解除劳动合同，不需事先告知用人单位。

第四十六条　有下列情形之一的，用人单位应当向劳动者支付经济补偿：

（一）劳动者依照本法第三十八条规定解除劳动合同的；

（二）用人单位依照本法第三十六条规定向劳动者提出解除劳动合同并与劳动者协商一致解除劳动合同的；

（三）用人单位依照本法第四十条规定解除劳动合同的；

（四）用人单位依照本法第四十一条第一款规定解除劳动合同的；

（五）除用人单位维持或者提高劳动合同约定条件续订劳动合同，劳动者不同意续订的情形外，依照本法第四十四条第一项规定终止固定期限劳动合同的；

（六）依照本法第四十四条第四项、第五项规定终止劳动合同的；

（七）法律、行政法规规定的其他情形。

什么情况下公司单方解除劳动合同不需要支付经济补偿？

以案释法

2017年3月17日，小茹至三白公司从事全职主播工作。2017年3月30日，小茹与三白公司签订了合同期限自2017年3月17日起至2018年3月16日止的《公会播主直播协议》，约定小茹的待遇原则上由保底薪资、奖金构成，具体构成及数额根据小茹每月的表现确定，就出勤时间约定：主播要求每月（室内/室外）（演唱/话题）的时间不少于20天，单次直播时间不小于2小时，总时长不低于30小时，少一天（包括当天未满2小时和单次不足1.5小时）按每天50元的标准扣除基本工资，如主播连续3个月出勤时间不足20天，公司有权取消其当月底薪、奖金，解除合同。双方同日签订补充协议，三白公司承诺公司依据国家法律法规和公司实际情况合理制定各项规章制度、劳动纪律及员工手册，并以书面文件或内部电子网络等形式向小茹公开；小茹承诺已详尽了解公司依据国家法律法规制定的各项规章制度、劳动纪律和员工手册，并理解其法律含义，愿意严格遵守。

2017年12月10日，三白公司向小茹发出了解除合同通知书，载明："根据你的直播考勤记录，你连续3个月出勤时间少于20天。按照协议的相关规定，公司有权取消你的底薪和奖金，解除合同。现我司决定自2017年12月11日起解除合同。"2018年1月10日，小茹向劳动人事争议仲裁委员会申请仲裁，仲裁委裁决三白公司向小茹支付经济补偿金。三白公司不服，向法院提起诉讼。

法院经审理认为，三白公司和小茹之间存在合法有效的劳动关系，双方的合法权利均应受到法律的保护。小茹与三白公司在签订《公会播主直播协议》的同日，也签订了补充协议，协议显示小茹已详尽了解公司依据国家法律法规制定的各项规章制度、劳动纪律和员工手册并理解其法律含义，愿意严格遵守。三白公司按公司规章制度对小茹作出解除劳动合同的处理并不违反相关法律规定。法院据此认定三白公司解除与小茹的劳动合同合法，三白公司无须支付小茹赔偿金。

学法用法

用人单位与劳动者签订劳动合同，应当遵循平等自愿、协商一致的原则，且不能违反法律、行政法规的规定，用人单位变更或者解除劳动合同，同样应该遵守法律的规定。而在企业劳动用工的实践中，经常会遇到如何合法辞退员工的问题。那么，在什么情况下，用人单位单方解除劳动合同不需要支付经济补偿呢？

根据我国《劳动合同法》的规定，劳动者有以下情形的，用人单位有权单方面解除劳动合同，不需要支付劳动者解除劳动合同的经济补偿金，且此时无须双方协商达成一致意见：第一，在试用期间被证明不符合录用条件的；第二，严重违反用人单位的规章制度的；第三，严重失职，营私舞弊，给用人单位造成重大损害的；第四，劳动者同时与其他用人单位建立劳动关系，对完成本单位的工作任务造成严重影响，或者经用人单位提出，拒不改正的；第五，劳动者以欺诈、胁迫的手段或者乘人之危，使用人单位在违背真实意思的情况下订立或者变更劳动合同，致使劳动合同无效的；第六，被依法追究刑事责任的。

随着直播行业的蓬勃发展，许多直播平台为了加强对主播的管理，在与主播签署《直播协议》等明确约定独家直播的书面协议之外，还要求主播严格服从公司及平台各项规章制度的管理，包括出勤时间、直播时长和薪酬制度等。而如果直播平台与主播约定了薪酬发放方式，并对主播进行严格的劳动纪律管理，一般就会被认定存在财产从属性及人身从属性，从而被认定存在劳动关系。在此情况下，当主播存在违反用人单位劳动纪律等规章制度情形时，直播平台作为用人单位，就可按照劳动法的规定，辞退主播。

在实践中，用人单位经常使用“严重违反用人单位的规章制度”这一条的规定辞退员工。如在本案中，三白公司以劳动者连续三个月未满足考勤时间，严重违反规章制度为由解除劳动合同，从而无须支付经济补偿金。值得注意的是，利用该条规定解除劳动合同，须同时具备三个条件：第一，通过民主程序制定规章制度；第二，内容合法；第三，已向劳动者公示。

法律依据

《中华人民共和国劳动合同法》

第三十九条 劳动者有下列情形之一的，用人单位可以解除劳动合同：

（一）在试用期间被证明不符合录用条件的；

（二）严重违反用人单位的规章制度的；

（三）严重失职，营私舞弊，给用人单位造成重大损害的；

（四）劳动者同时与其他用人单位建立劳动关系，对完成本单位的工作任务造成严重影响，或者经用人单位提出，拒不改正的；

（五）因本法第二十六条第一款第一项规定的情形致使劳动合同无效的；

（六）被依法追究刑事责任的。

第二十六条 下列劳动合同无效或者部分无效：

（一）以欺诈、胁迫的手段或者乘人之危，使对方在违背真实意思的情况下订立或者变更劳动合同的；

（二）用人单位免除自己的法定责任、排除劳动者权利的；

（三）违反法律、行政法规强制性规定的。

对劳动合同的无效或者部分无效有争议的，由劳动争议仲裁机构或者人民法院确认。

被公司辞退，可以主张经济赔偿吗？

以案释法

2015年12月11日，小迪入职三分钟公司。2016年4月1日，小迪（乙方）与三分钟公司（甲方）签订了《劳动合同书》，约定合同期自2016年4月1日起至2019年3月31日止，小迪的岗位为网络主播。自2016年6月起，三分钟公司为小迪缴纳社会保险；截至2017年11月，小迪在本市养老保险累计实际缴费年限为1年零6个月。

2017年11月28日，三分钟公司向小迪送达了解除劳动合同通知书，载明解除劳动合同的理由是："您从2017年11月16日开始，连续旷工3天以上，公司对您予以开除。您的劳动合同于2017年11月15日解除。"并写明"薪资结算至2017年11月15日，计3000元；此种情形下，公司不需要支付经济补偿金"。

2017年11月20日，小迪向劳动人事争议仲裁委员会申请仲裁。小迪主张其自2017年11月16日开始并非旷工，而是三分钟公司因经营不善，不让其上班。仲裁委作出裁决如下：一、确认2015年12月11日至2017年11月28日，小迪与三分钟公司存在劳动关系；二、三分钟公司支付小迪违法解除劳动关系赔偿金；三、三分钟公司支付小迪2016年12月11日至2017年11月28日未休年休假的工资。三分钟公司不服，诉至法院。

法院经审理认为，小迪自2017年11月16日起未再到岗出勤，但在2017年11月16日前，小迪作为网络主播出现过因未发工资停止录播的情况；在2017年11月16日后，小迪仍与三分钟公司联系，要求明确劳动关系的状态，主观上缺乏旷工的故意，并于2017年11月20日提起劳动仲裁，故综合旷工前后发生的事实及劳动者的主观意愿，法院采信小迪所主张的系因原告公司经营不善，不让被告上班的主张，故三分钟公司以小迪旷工为由解除劳动关系，缺乏事实依据。用人单位违反《劳动合同法》规定解除或终止劳动合同，劳动者不要求继续履行劳动合同或劳动合同已经不能继续履行的，用人单位应当依照规定支付赔偿金。故小迪要求三分钟公司支付违法解除劳动关系的赔偿金，应予支持。

学法用法

签署劳动合同是为了保障劳动者及用人单位双方的合法权益。法律赋予了用人单位单方解除劳动合同的权利，但对于用人单位解除劳动合同也作出了明确的规定。在以下几种情况下，用人单位“一意孤行”解除劳动合同的，属于违法解除，需要向劳动者支付违法解除劳动关系的赔偿金：

第一种情况，违反《劳动合同法》不得解除条款。《劳动合同法》规定了以下用人单位不得解除劳动合同的情形，包括：第一，从事接触职业病危害作业的劳动者未进行离岗前职业健康检查，或者疑似职业病病人在诊断或者医学观察期间的；第二，在本单位患职业病或者因工负伤并被确认丧失或者部分丧失劳动能力的；第三，患病或者非因工负伤，在规定的医疗期内的；第四，女职工在孕期、产期、哺乳期的；第五，在本单位连续工作满15年，且距法定退休年龄不足5年的；第六，法律、行政法规规定的其他情形。如用人单位在上述情形下强行解除劳动合同，属于违法解除。

第二种情况，未满足法律规定的条件或程序强行解除。法律赋予了用人单位有条件、依程序单方解除劳动合同的权利，用人单位未满足这些条件或程序即强行解除劳动合同的，属于违法解除。这些条件包括与劳动者协商一致解除、提前30天书面通知或额外支付一个月工资、支付经济补偿金、提前

30日向工会或者全体职工说明情况，听取工会或者职工的意见后，裁减人员方案向劳动行政部门报告等。如用人单位之行为未满足上述条件或程序，则需要向劳动者支付违法解除劳动合同的赔偿金。

此外，因用人单位辞退员工产生的劳动争议，需要注意举证责任的问题。因用人单位作出的开除、除名、辞退、解除劳动合同、减少劳动报酬和计算劳动者工作年限等决定而发生的劳动争议，用人单位负举证责任。本案中，双方的劳动关系系三分钟公司以小迪连续旷工3天以上为由单方面行使解除权而解除。顾名思义，旷工是劳动者在正常工作日不请假或请假未经批准的缺勤行为，是带有主观故意的行为。对此，作为用人单位的三分钟公司应承担举证责任。

法律依据

《中华人民共和国劳动合同法》

第四十条 有下列情形之一的，用人单位提前三十日以书面形式通知劳动者本人或者额外支付劳动者一个月工资后，可以解除劳动合同：

（一）劳动者患病或者非因工负伤，在规定的医疗期满后不能从事原工作，也不能从事由用人单位另行安排的工作的；

（二）劳动者不能胜任工作，经过培训或者调整工作岗位，仍不能胜任工作的；

（三）劳动合同订立时所依据的客观情况发生重大变化，致使劳动合同无法履行，经用人单位与劳动者协商，未能就变更劳动合同内容达成协议的。

第四十二条 劳动者有下列情形之一的，用人单位不得依照本法第四十条、第四十一条的规定解除劳动合同：

（一）从事接触职业病危害作业的劳动者未进行离岗前职业健康检查，或者疑似职业病病人在诊断或者医学观察期间的；

（二）在本单位患职业病或者因工负伤并被确认丧失或者部分丧失劳动能力的；

（三）患病或者非因工负伤，在规定的医疗期内的；

（四）女职工在孕期、产期、哺乳期的；

（五）在本单位连续工作满十五年，且距法定退休年龄不足五年的；

（六）法律、行政法规规定的其他情形。

第四十八条　用人单位违反本法规定解除或者终止劳动合同，劳动者要求继续履行劳动合同的，用人单位应当继续履行；劳动者不要求继续履行劳动合同或者劳动合同已经不能继续履行的，用人单位应当依照本法第八十七条规定支付赔偿金。

第八十七条　用人单位违反本法规定解除或者终止劳动合同的，应当依照本法第四十七条规定的经济补偿标准的二倍向劳动者支付赔偿金。

不想在公司继续工作，可以单方解除劳动合同吗？

以案释法

2017年8月，小雪应聘到矮油文化公司工作，担任主播一职，主要负责网络直播销售工作。小雪在矮油文化公司工作期间双方未签订书面劳动合同，矮油文化公司也未给小雪缴纳社会保险。根据矮油文化公司对销售主播的业绩要求，小雪每月须完成相应的销售业绩指标，小雪的工资按照底薪加2%销售提成的方式发放。2018年8月，小雪因直播销售任务压力太大，自觉无法承受，遂向公司主管提出离职，但被公司主管拒绝，主管以小雪未完成前两个季度的销售任务为由，要求小雪继续直播至2018年12月，称如小雪坚持离职，需要向公司支付违约金等，并向小雪出示了一些主播违约“跳槽”，被判向直播平台支付高额违约金的新闻和案例。

小雪非常不解，不想在公司继续工作了，难道达不成公司的要求，就不能离职吗？

学法用法

在网络直播行业中，的确存在大量的主播违约“跳槽”，被法院判决向公司支付高额违约金的案例。但如果仔细分析这些案例的内容就会发现，在此类案例中，主播与直播平台往往并不是劳动关系，而被认定为其他合同关系。而法院支持高额违约金的原因，往往是依据合同的约定以及双方履行合同过程中产生的实际收益等。但如果主播与直播平台成立劳动关系，则前述情形一般是不会发生的。以下讨论的就是在主播与直播平台成立劳动关系的情形下，劳动者是否可以主动“离开”的问题。

法律面前人人平等。我国《劳动合同法》既赋予了用人单位单方面解除劳动合同的权利，也给予了劳动者向用人单位“Say No”的权利。作为劳动者，如果不愿意继续在公司工作，在何种情形下可以单方面解除劳动合同呢？

第一，通知解除。在劳动者和用人单位均不存在任何违法违规情形，而劳动者又想要辞职的时候，可以采用通知解除的方式。根据《劳动合同法》的规定，劳动者提前30日以书面形式通知用人单位，可以解除劳动合同。劳动者在试用期内提前3日通知用人单位，可以解除劳动合同。

第二，违法解除。当用人单位存在违反劳动法的情形，或者侵害劳动者合法权益时，劳动者有权单方解除劳动合同，并有权要求用人单位支付经济补偿。具体情形包括：第一，未按照劳动合同约定提供劳动保护或者劳动条件的；第二，未及时、足额支付劳动报酬的；第三，未依法为劳动者缴纳社会保险费的；第四，用人单位的规章制度违反法律、法规的规定，损害劳动者权益的；第五，因《劳动合同法》第26条第1款规定的情形致使劳动合同无效的；第六，法律、行政法规规定劳动者可以解除劳动合同的其他情形。另外，用人单位以暴力、威胁或者非法限制人身自由的手段强迫劳动者劳动的，或者用人单位违章指挥、强令冒险作业危及劳动者人身安全的，劳动者可以立即解除劳动合同，不需要事先告知用人单位。

需要注意的是，除上述不需要事先告知用人单位的情形外，劳动者单方面解除劳动合同，还是要事先告知用人单位，并配合办理工作交接手续，而不能任性地“说走就走”。

法律依据

《中华人民共和国劳动合同法》

第三十七条 劳动者提前三十日以书面形式通知用人单位，可以解除劳动合同。劳动者在试用期内提前三日通知用人单位，可以解除劳动合同。

第三十八条 用人单位有下列情形之一的，劳动者可以解除劳动合同：

（一）未按照劳动合同约定提供劳动保护或者劳动条件的；

（二）未及时足额支付劳动报酬的；

（三）未依法为劳动者缴纳社会保险费的；

（四）用人单位的规章制度违反法律、法规的规定，损害劳动者权益的；

（五）因本法第二十六条第一款规定的情形致使劳动合同无效的；

（六）法律、行政法规规定劳动者可以解除劳动合同的其他情形。

用人单位以暴力、威胁或者非法限制人身自由的手段强迫劳动者劳动的，或者用人单位违章指挥、强令冒险作业危及劳动者人身安全的，劳动者可以立即解除劳动合同，不需事先告知用人单位。

离职后，公司以违反服务期约定为由，要求支付高额违约金怎么办？

以案释法

小毛于2015年8月17日入职飞飞公司从事美妆直播。双方签订劳动合同的期限自2015年8月17日起至2018年8月16日止。2015年8月26日，甲方飞飞公司、乙方小毛签订培训协议，约定：为提升小毛对于美妆领域的专业认知和直播能力，由公司支付专业技术的培训费用对其进行培训；培训内容包括美容知识和技术的培训，护肤品及化妆品专业知识的培训，美妆技能的培训等。同时约定了违约责任：一、自培训结束后，乙方应为甲方服务不少于3年，从培训结束之日起算；二、如乙方在服务期期满前因任何原因离开甲方，甲方均有权要求乙方按照未履行服务期的比例支付违约金，赔偿甲方已经支付的培训费。飞飞公司组织包括小毛在内的29人于2015年9月26日至2015年10月10日进行了相关的培训。

2016年12月13日，小毛以飞飞公司未按照承诺给予小毛相应的发展空间和薪酬待遇为由向飞飞公司提出辞职，办理相关离职手续。2017年11月15日，飞飞公司向劳动人事争议仲裁委员会申请仲裁，要求小毛返还培训费24347元、支付逾期违约金10298.78元。仲裁委裁决小毛支付飞飞公司培训费24347元；对于其余请求事项不予支持。小毛不服仲裁裁决，于法定期间诉至法院。

法院经审理后认为，用人单位为提高员工素质或技能额外出资给予个别劳动者进行的培训，一定程度上提升了该部分员工的就业竞争力，有别于一般的上岗培训，用人单位有权就此与员工另行约定双方相应的权利义务。如员工违约则理应承担违约责任，对培训费及相关费用予以赔偿。本案中，飞飞公司与小毛签订的培训协议约定了培训时间、培训机构及地点、培训费用及违约责任等内容，飞飞公司也按照约定向小毛提供了专项培训，因此，3年服务期的约定合法有效。现小毛的离职行为违反了双方对服务期的约定，应当依照约定支付违约金，但违约金不得超过服务期尚未履行部分所应分摊的培训费用。最终，法院判决小毛应当向飞飞公司支付违约金。

学法用法

网络直播行业经过了一段时间的“野蛮生长”之后，开始向专业化、市场化发展。随着市场对于网络直播行业的要求越来越高，许多直播平台公司会对新招聘的主播进行各方面专业技术的培训。这些培训既包括直播运营方面的培训，也包括其他专业技能方面的培训，如才艺表演主播的歌唱、舞蹈培训，以及如本案中对美妆主播在美容、护肤以及化妆品专业知识等方面的培训。

许多企业在劳动用工实践中，都会对劳动者进行由用人单位支付培训费等各项费用的专项培训，这些培训一般是为提高劳动者的特定技能而进行的专门培训。通常情况下，用人单位会就专项培训与劳动者签署专门的培训协议，约定培训事项、内容、服务期、违约责任等。而在实践中，对于专业技术培训、专项培训费用以及违约责任的承担往往会产生争议。

有的用人单位为了“留住”员工，在员工入职时就要求员工同时签署《劳动合同》《培训协议》等，并将用人单位原有的岗前培训当作专业技术培训，这其实是对专业技术培训的误读。专业技术培训不同于岗前培训，岗前培训一般针对所有员工，主要是为了让新员工快速了解公司的理念、发展历程、规章制度以及所从事岗位的性质、职责等。根据我国劳动法的规定，对劳动者进行岗前培训是用人单位的法定义务。因此，如用人单位以对劳动者进行的上岗前培训和日常业务培训为由，要求劳动者支付违约金的，一般不会得到法院支持。

对于专项培训费用包含的内容，根据我国《劳动合同法实施条例》第16条的规定，包括用人单位为了对劳动者进行专业技术培训而支付的有凭证的培训费用、培训期间的差旅费用以及因培训产生的用于该劳动者的其他直接费用。这些费用的实际产生，往往需要用人单位举证证明。

同时，根据我国《劳动合同法》的约定，如劳动者违反服务期约定的，应当按照约定向用人单位支付违约金。违约金的数额不得超过用人单位提供的培训费用，用人单位要求劳动者支付的违约金不得超过服务期尚未履行部分所应分摊的培训费用。因此，即使存在劳动者违反服务期约定的情形，用人单位主张的违约金也是有法律规定的，而不能随意约定超出法律规定部分的高额违约金。

法律依据

《中华人民共和国劳动合同法》

第二十二条 用人单位为劳动者提供专项培训费用，对其进行专业技术培训的，可以与该劳动者订立协议，约定服务期。

劳动者违反服务期约定的，应当按照约定向用人单位支付违约金。违约金的数额不得超过用人单位提供的培训费用。用人单位要求劳动者支付的违约金不得超过服务期尚未履行部分所应分摊的培训费用。

用人单位与劳动者约定服务期的，不影响按照正常的工资调整机制提高劳动者在服务期期间的劳动报酬。

员工跳槽后，原公司可以要求支付竞业限制违约金吗？

以案释法

2017年5月31日，小宝（乙方）与靓靓公司（甲方）签订了《艺人经纪合约》与《保密及竞业限制协议》。其中《艺人经纪合约》就演艺技能、培训、演艺形象设计和包装、宣传和法律事务、知识产权授权、商业开发和策划等方面作出了约定。《保密及竞业限制协议》的竞业限制条款约定，乙方在就职期间违反本协议约定条款时，甲方除追究乙方违约责任外，也可选择行使或同时行使解除与乙方劳动合同关系的权利。乙方在甲方受聘期满或因终止劳动合同，并不影响本协议任何规定在期满或终止后继续执行或保持生效的条文。

小宝在从事演艺工作期间，通过微信群与靓靓公司管理人员沟通工作，接受考勤、请假、奖惩制度、着装、领取工资等工作安排。靓靓公司通过银行转账的方式向小宝发放报酬，其中2017年8月至2017年11月的转账备注为“工资”，之后，靓靓公司委托双峰公司通过银行转账的方式支付报酬。2018年7月25日，靓靓公司向小宝发出律师函，要求小宝停止在非靓靓公司安排的互联网演艺平台从事直播演艺活动，并保证不再出现任何违反经纪合同的行为。

2018年12月，靓靓公司发现小宝开始在其他演艺平台进行直播演艺，遂将其诉至法院，要求小宝支付竞业限制违约金。

学法用法

随着社会经济的发展以及企业管理水平和法律意识的提高，很多企业在新员工入职之初，即会与员工签署保密及竞业限制协议，以更大限度地规范员工的随意跳槽行为，尽可能地保护企业的商业秘密和合法权益。而在相对新兴的网络直播等自媒体行业中，许多直播平台或机构为了留住人气主播，在给予其高额报酬的同时，也往往会在经纪合同中约定严格的违约条款或者签署竞业限制协议。

在直播平台与主播成立合作合同关系时，如合同中约定了相应的违约条款，而主播又确实存在违约跳槽的情形，法院往往会支持直播平台请求主播承担违约责任的主张。在直播平台与主播之间的关系被认定为劳动关系时，相应的竞业限制协议的效力也是受到法律保护的。

我国《劳动合同法》明确规定，劳动者违反竞业限制约定的，应当按照约定向用人单位支付违约金。但在员工跳槽后，如用人单位要求支付竞业限制违约金，需要注意以下几个问题：

第一，主体要求：负有保密义务的劳动者。我国《劳动合同法》对于竞业限制的人员有明确的规定，要求是“负有保密义务的劳动者”，包括用人单位的高级管理人员、高级技术人员和其他负有保密义务的人员。而对于“其他负有保密义务的人员”，一般会结合岗位类型、工作内容、职位级别、薪资待遇、工作时间、所从事业务是否单位核心业务等因素综合判断其是否有机会接触、利用商业秘密。

第二，明确约定：须签署竞业限制协议或竞业限制条款。要求劳动者承担保密及竞业限制义务的前提是要有明确的约定，实践中存在用人单位仅与劳动者签署《保密协议》，但因其中并未包含竞业限制条款，法院不支持由劳动者支付竞业限制违约金的案例。一般而言，在相关协议中，除对劳动者的保密义务及竞业限制义务进行明确约定外，还应对本单位商业秘密的范围及劳动者接触、涉及商业秘密的情况、劳动者的工作岗位、性质、内容、涉及的具体商业秘密、涉密程度等尽可能予以明确。

第三，支付经济补偿。用人单位要求劳动者承担竞业限制义务的前提是，在劳动合同解除或终止后，用人单位必须依法向劳动者支付相应的竞业限制经济补偿，否则，在劳动者违反竞业限制义务的情形下，用人单位要求劳动者承担违约责任的请求可能不会得到法院的支持。

法律依据

《中华人民共和国劳动合同法》

第二十三条 用人单位与劳动者可以在劳动合同中约定保守用人单位的商业秘密和与知识产权相关的保密事项。

对负有保密义务的劳动者，用人单位可以在劳动合同或者保密协议中与劳动者约定竞业限制条款，并约定在解除或者终止劳动合同后，在竞业限制期限内按月给予劳动者经济补偿。劳动者违反竞业限制约定的，应当按照约定向用人单位支付违约金。

第二十四条 竞业限制的人员限于用人单位的高级管理人员、高级技术人员和其他负有保密义务的人员。竞业限制的范围、地域、期限由用人单位与劳动者约定，竞业限制的约定不得违反法律、法规的规定。

在解除或者终止劳动合同后，前款规定的人员到与本单位生产或者经营同类产品、从事同类业务的有竞争关系的其他用人单位，或者自己开业生产或者经营同类产品、从事同类业务的竞业限制期限，不得超过二年。

什么情况下与公司形成劳务关系？劳务关系和劳动关系有何不同？

以案释法

2月1日，小张（甲方）与茂茂公司（乙方）达成主播签约协议。该协议内容为：一、甲方同意与茂茂公司合作，将茂茂公司所提供的直播平台作为互联网演艺分享的独家平台，将个人精力投入到茂茂公司的各项活动中。二、乙方同意将甲方视为“实名签约主播”，同意将茂茂公司的相关资源优先提供给甲方，优先帮助甲方在茂茂公司所提供平台上提升人气和收益。乙方在未来的新业务中优先与“实名签约主播”进行合作。

协议签订后，小张按照约定进行直播业务。茂茂公司按照约定支付了小张2月至6月的报酬。8月21日，小张向茂茂公司提出了书面自动离职报告。茂茂公司接到后，于8月23日以通知的形式回复小张，内容为：“1.不接受你的离职报告；2.暂停与你的一切合作；3.暂停发放主播收益；4.收回主播账号。接到通知后，请你自觉遵守协议条款，到公司工作室进行预约协商解决，协商不成可向有管辖权的法院机构进行诉讼。”8月26日，茂茂公司同意解除双方签订的协议。因双方就7、8月份的工资及经济补偿金问题协商不成，小张向法院提起诉讼。

法院经审理后认为，小张是具有电竞方面特长的艺人，能够进行主播活动，而茂茂公司能够为艺人提供直播平台，使小张进行主播活动，且双方对直播的收益进行了约定。通过双方的合作活动，共同受益。从双方签订的主播签约协议来看，虽然约定了实习期、保密协议等内容，但对社会保险、社会福利、劳动时间、休假等权利均未进行约定。因此，应认定小张与茂茂公司之间的关系为劳务关系。最终，法院未支持小张要求茂茂公司支付经济补偿的请求。

学法用法

在互联网经济蓬勃发展的背景下，现代用工形态出现了新的发展。新型用工关系中有些属于标准劳动关系，还有些则属于互联网经济催生的新业态下的新型用工关系。而在艺人与公司之间的法律关系中，既存在劳动关系，也存在合同关系、劳务关系等的认定。本案就是典型的劳动关系与劳务关系认定存在争议的案例。

劳动关系是依据《劳动法》和《劳动合同法》的规定，由劳动者与用人单位建立的一种用工关系。劳动者依据劳动关系，不仅从用人单位领取工资，还享受《劳动法》所规定的社会保险、社会福利、劳动时间、休假等权利。而劳务关系纯粹是一般的合同关系，指提供劳动的人向用工单位提供劳务，用工单位向提供劳动的人支付报酬，但提供劳动的人并不享受《劳动法》所规定的社会保险、社会福利、劳动时间、休假等权利。劳动关系与劳务关系在主体范围、主体关系、雇主义务、法律适用等方面均存在差异。

主体范围：劳动关系的一方需要是满足法律要求的用人单位，另一方则是具有完全民事行为能力且未达退休年龄的自然人。而劳务关系既可以建立在自然人之间，也可以建立在自然人与法人、其他经济组织之间。

主体关系：劳动关系的双方存在较为紧密的人身和财产从属关系，即劳动者除了从用人单位除领取劳动报酬之外，还需要接受用人单位的管理，要遵守用人单位的规章制度、服从工作安排等，具有行政上的人身隶属性。而劳务关系双方并不存在人身上的隶属关系。

雇主义务：劳动关系下的用人单位，除依法向劳动者支付劳动报酬外，还需要承担劳动法规定的社会保险、社会福利、休息休假等义务，而劳务关系的雇主则无须承担这些义务。

法律适用：劳动关系受《劳动法》《劳动合同法》等法律法规的调整，而劳务关系则受民事法律规定的调整和规制。

除此之外，劳动关系与劳务关系在法律责任、争议处理等方面也存在较大差异。

法律依据

《中华人民共和国民法典》

第一千一百九十二条第一款　个人之间形成劳务关系，提供劳务一方因劳务造成他人损害的，由接受劳务一方承担侵权责任。接受劳务一方承担侵权责任后，可以向有故意或者重大过失的提供劳务一方追偿。提供劳务一方因劳务受到损害的，根据双方各自的过错承担相应的责任。

《中华人民共和国劳动法》

第一条　为了保护劳动者的合法权益，调整劳动关系，建立和维护适应社会主义市场经济的劳动制度，促进经济发展和社会进步，根据宪法，制定本法。

第二条第一款　在中华人民共和国境内的企业、个体经济组织（以下统称用人单位）和与之形成劳动关系的劳动者，适用本法。

《中华人民共和国劳动合同法》

第二条　中华人民共和国境内的企业、个体经济组织、民办非企业单位等组织（以下称用人单位）与劳动者建立劳动关系，订立、履行、变更、解除或者终止劳动合同，适用本法。

国家机关、事业单位、社会团体和与其建立劳动关系的劳动者，订立、履行、变更、解除或者终止劳动合同，依照本法执行。

第十条 建立劳动关系，应当订立书面劳动合同。

已建立劳动关系，未同时订立书面劳动合同的，应当自用工之日起一个月内订立书面劳动合同。

用人单位与劳动者在用工前订立劳动合同的，劳动关系自用工之日起建立。

未休年假，员工可以要求单位支付未休年假工资吗？

以案释法

小齐于2004年9月到某文化公司从事网络直播工作，双方依法签订了劳动合同，月工资为7000元；工资支付截止日期为2014年6月30日；小齐认为他在公司累计工作时间已超过10年，应享受每年10天的年休假，但小齐在文化公司期间，仅在2012年和2013年每年休了年休假5天。2014年9月13日，公司向小齐邮寄了解除劳动合同通知书，将小齐辞退。小齐认为自2008年起，公司就没有按照法律规定安排其休年休假，应当支付其未休年休假的工资。

2014年9月26日，小齐向劳动争议仲裁委员会申请仲裁，仲裁委裁决文化公司向小齐支付2012年度至2014年度未休年休假工资7685.31元。小齐与文化公司均不服裁决，向法院提起诉讼。

法院经审理后认为，依据《职工带薪年休假条例》第3条、《企业职工带薪年休假实施办法》第3条、第12条的规定及工资转账明细表所载内容，因双方当事人认可小齐于2012年、2013年在文化公司每年已休年休假5天，文化公司亦认可小齐2014年未休年休假的事实，故文化公司应支付小齐2012年度至2014年度未休年休假工资7685.31元。

学法用法

在网络直播等自媒体行业，因其用工形式新型且渐趋多样化，许多直播平台与主播之间建立的并不是劳动合同关系，因而并不受我国劳动法律法规的约束。但这并不代表所有直播平台与主播之间都不是劳动关系。事实上，仍有大量平台、机构选择与旗下的主播、艺人等签订劳动合同、建立劳动关系，以加强管理。而一旦平台选择与主播建立劳动关系，就必须遵守劳动法律法规的规定。

根据我国法律的规定，劳动者依法享有年休假的权利，且劳动者连续工作12个月以上的，依法享有带薪年休假。实践中，许多用人单位都采用补休的方式作为替代，但仍有部分用人单位对于法定的带薪年休假重视不够。关于年休假，需要注意以下问题：

第一，年休假工资标准。许多用人单位认为，劳动者既然是在“休假”期间，并没有实际在单位中付出劳动，那么相应的工资也只能是基本工资。这样的观点是对法律法规的误读。根据我国《职工带薪年休假条例》，职工在年休假期间享受与正常工作期间相同的工资收入。

第二，年休假工资的性质及追诉时效。目前，司法实践中关于年休假工资报酬的追诉时效问题存在争议。一种观点认为，年休假工资属于“福利待遇”，虽然年休假工资报酬使用“工资报酬”的名称，但其本质并非劳动报酬，而是一种福利待遇，是对于未休年假劳动者的一种补偿，追诉时效为1年。另一种观点认为，年休假工资报酬属于劳动报酬，不受1年追诉时效的限制。

第三，年休假的“新旧交接”。实践中经常有劳动者在从原单位离职后发现自己未享受在原单位的带薪年休假，于是就出现了“换了单位后，能否补休原单位未休的年假”的问题。答案是否定的。根据我国法律的规定，职工在原单位未休带薪年假的，应当要求原单位予以安排，原单位不能安排的，应依法给予补偿，而新单位不需要对其承担在原单位未休年假的补偿义务。

法律依据

《中华人民共和国劳动法》

第四十五条　国家实行带薪年休假制度。

劳动者连续工作一年以上的，享受带薪年休假。具体办法由国务院规定。

《职工带薪年休假条例》

第二条 机关、团体、企业、事业单位、民办非企业单位、有雇工的个体工商户等单位的职工连续工作1年以上的，享受带薪年休假（以下简称年休假）。单位应当保证职工享受年休假。职工在年休假期间享受与正常工作期间相同的工资收入。

第三条 职工累计工作已满1年不满10年的，年休假5天；已满10年不满20年的，年休假10天；已满20年的，年休假15天。

国家法定休假日、休息日不计入年休假的假期。

《企业职工带薪年休假实施办法》

第三条 职工连续工作满12个月以上的，享受带薪年休假（以下简称年休假）。

第五条 职工新进用人单位且符合本办法第三条规定的，当年度年休假天数，按照在本单位剩余日历天数折算确定，折算后不足1整天的部分不享受年休假。

前款规定的折算方法为：（当年度在本单位剩余日历天数 ÷365天）× 职工本人全年应当享受的年休假天数。

第十六条 职工与用人单位因年休假发生劳动争议的，依照劳动争议处理的规定处理。

单位未缴存住房公积金，可以起诉要求支付补偿给个人吗？

以案释法

小伟于2016年5月1日进入辉辉文化工作，但辉辉文化未依法与小伟签订劳动合同，亦未给小伟办理、缴纳社会保险及住房公积金。直到2016年9月，辉辉文化才与小伟签订劳动合同，办理社会保险及住房公积金等相关事宜。2017年1月至2017年4月，辉辉文化未依法向小伟支付工资，也未依法为小伟缴纳社会保险和住房公积金，经小伟多次催促后，仅向小伟支付了该期间的部分工资4000元，尚欠工资9828元。2017年5月18日，小伟向劳动人事争议仲裁委员会申请劳动仲裁，但该委员会作出了不予受理的决定。小伟遂诉至法院，请求判令辉辉文化：（1）支付工资9828元；（2）支付2016年5月1日至2016年8月31日的五险一金费用6000元；（3）支付2017年1月1日至2017年4月30日的五险一金费用6500元；（4）支付解除劳动合同的赔偿金4500元。

法院经审理后认为，人民政府设立的住房公积金管理部门依法履行住房公积金缴存、提取、保值、增值、监督、处罚等行政职权；如果单位逾期不缴或者少缴住房公积金的，由住房公积金管理部门依据其行政职权进行查处。故小伟要求辉辉文化将应缴纳的住房公积金费用直接给付个人，不属于人民法院劳动争议案件的受案范围，法院不予受理。

学法用法

依法缴存住房公积金是用人单位的法定义务，也是法律赋予劳动者的合法权益。根据我国《住房公积金管理条例》的规定，单位不办理住房公积金缴存登记或者不为本单位职工办理住房公积金账户设立手续的，由住房公积金管理中心责令限期办理；逾期不办理的，处1万元以上5万元以下的罚款。单位逾期不缴或者少缴住房公积金的，由住房公积金管理中心责令限期缴存；逾期仍不缴存的，可以申请人民法院强制执行，因此，对于单位未缴住房公积金的问题，职工可以向住房公积金管理中心投诉，责令单位限期补缴。

那么，如果单位未依法缴存住房公积金，劳动者可以向法院起诉要求支付或补偿给个人吗？答案是否定的。虽然劳动者有权要求用人单位依法补缴未缴存的住房公积金，但根据我国法律的规定，住房公积金争议不属于劳动纠纷，如本案中的情形，对于劳动者的该项请求，通常劳动仲裁机构及人民法院均会不予受理或者驳回请求。因此，当单位逾期不缴或者少缴住房公积金的，劳动者正确的维权途径是依法向住房公积金管理部门投诉，要求单位补缴，而非向人民法院提起诉讼。

法律依据

《住房公积金管理条例》

第十三条第二、三款　单位应当向住房公积金管理中心办理住房公积金缴存登记，并为本单位职工办理住房公积金账户设立手续。每个职工只能有一个住房公积金账户。

住房公积金管理中心应当建立职工住房公积金明细账，记载职工个人住房公积金的缴存、提取等情况。

第二十条　单位应当按时、足额缴存住房公积金，不得逾期缴存或者少缴。

对缴存住房公积金确有困难的单位，经本单位职工代表大会或者工会讨论通过，并经住房公积金管理中心审核，报住房公积金管理委员会批准后，可以降低缴存比例或者缓缴；待单位经济效益好转后，再提高缴存比例或者补缴缓缴。

第三十四条 住房公积金管理中心和职工有权督促单位按时履行下列义务：

（一）住房公积金的缴存登记或者变更、注销登记；

（二）住房公积金账户的设立、转移或者封存；

（三）足额缴存住房公积金。

第三十七条 违反本条例的规定，单位不办理住房公积金缴存登记或者不为本单位职工办理住房公积金账户设立手续的，由住房公积金管理中心责令限期办理；逾期不办理的，处1万元以上5万元以下的罚款。

第三十八条 违反本条例的规定，单位逾期不缴或者少缴住房公积金的，由住房公积金管理中心责令限期缴存；逾期仍不缴存的，可以申请人民法院强制执行。

CHAPTER IV

第四章

知识产权

（一）著作权

创意受著作权法保护吗？如何保护自己的创意？

以案释法

张某创作并拍摄了骑兵主题短剧，雷某作为名誉制片人参与了该短剧的制作。该短剧拍摄完成后，雷某又作为编剧拍摄了另一骑兵主题短剧。张某认为雷某拍摄的短剧与他拍摄的短剧有很多雷同之处，主要人物关系、故事情节均有相同或相似之处，构成了侵权，所以张某向法院起诉要求雷某停止侵权、公开道歉、赔偿损失。

法院依法委托鉴定机构对两剧进行了鉴定，鉴定结果认为两剧主要人物设置及关系部分相似，两剧主要线索脉络存在相似之处，两剧存在部分相同或者近似的情节，但除一处语言表达基本相同之外，这些情节的具体表达基本不同。也就是说，两剧创意和剧情基本相同，展示的均是以特定历史时期为主线展开的军旅题材作品，但具体情节展开、描写侧重点等表达方式存在不同。法院最终认定雷某拍摄的短剧不构成侵权。

学法用法

著作权法有一个基本的原则，就是著作权法只保护思想的表达方式，而不保护思想本身，这被称为“思想表达两分法”。我国《著作权法》第3条也将作品定义为“文学、艺术和科学领域内具有独创性并能以一定形式表现的智力成果”，由此可见，著作权法不保护属于思想观念范畴的创意。只有在创意通过有形形式表现出来，形成作品后，才能获得著作权法的保护。比如想要写一个“艰苦奋斗”的故事，这个主题就是“思想”，对这个“艰苦奋斗”的主题，有成千上万种表达方式，比如可以写一篇小说，也可以演唱歌曲、拍摄电影等，如果著作权法对这个“思想”进行了保护，那么将会扼杀各种形式的文学创作。

对于“思想”和“表达”的界定，一般认为，思想是指概念、术语、原则、客观事实、创意、发现等。表达则是指对于思想观念的各种形式或方式的表述，如文字的、音符的、数字的、线条的、色彩的、造型的、形体动作的表述或传达等。从这个意义上说，表达所形成的就是作品。

如果想要受到著作权法的保护，不仅要成为作品，还需要成为著作权法意义上的作品，著作权法意义上的作品需满足三个要件：一是文学、艺术和科学领域内的智力成果；二是具有独创性；三是可复制性。“智力成果”的限定说明作品是智力劳动的结果，排除了体力劳动的成果。思想不可被复制，“某种有形形式复制”的限定指明著作权法不保护思想。

虽然创意不受著作权法的保护，但是创意者可以通过其他途径保护自己的创意不被他人乱用，比如事先与他人签订合同等。如果创意具有商业价值，可以作为商业秘密，通过《反不正当竞争法》予以保护。

法律依据

《中华人民共和国著作权法》

第三条 本法所称的作品，是指文学、艺术和科学领域内具有独创性并能以一定形式表现的智力成果，包括：

（一）文字作品；

（二）口述作品；

（三）音乐、戏剧、曲艺、舞蹈、杂技艺术作品；

（四）美术、建筑作品；

（五）摄影作品；

（六）视听作品；

（七）工程设计图、产品设计图、地图、示意图等图形作品和模型作品；

（八）计算机软件；

（九）符合作品特征的其他智力成果。

电影剪辑解说是否侵犯作品著作权？

以案释法

某网站为在线图文电影解说网站，该网站首页上标明“十分钟品味一部好电影”，用户可以在该网站上传影视作品图片集并配以文字说明，用户通过该网站开发的软件观看图片集可选择固定速度进行自动播放，也可以选择自行点击下一张的方式手动播放。因为该网站用户上传了部分剧集的图片集，该剧集的制作公司将该网站运营主体告上了法庭，经法院查明，图片集共包含图片数百张，均截取自涉案剧集第一集，图片内容涵盖涉案剧集第一集视频内容的主要画面。

被告辩称图片集核心创作部分是文字，配合图片作对应陈述属合理引用。但该观点并未得到法院的认可。法院经审理认为，虽然图片集和原影视作品表现形式不同，但仍然构成侵犯原作品的信息网络传播权，该网站应当赔偿损失。

电影剪辑解说除上述图解电影的形式外，还有通过剪辑影视作品片段形成一个几分钟短视频的方式，如“×分钟带你看完电影”。相对于正常的观影，这类影视解说视频时间通常较短，很多观众可以通过这类视频较快地了解该影视作品的主线和核心情节。这种视频确实满足了快节奏生活下观众了解和筛选某些影视作品的需求，但这种电影剪辑解说视频在实践中也存在着一定的侵权风险。

学法用法

我国《著作权法》规定，未经授权以有线或者无线方式向公众提供作品，使公众可以在其个人选定的时间和地点获得作品，如不存在著作权法上的合理使用的情形，则构成对作品信息网络传播权的侵犯。在前述案例中，法院认为，影视画面和静态图片虽然表现形式不同，但判断是否存在提供作品的行为，关键需要考察涉案图片集是否使用了涉案剧集具有独创性的表达。而且“以有线或者无线方式向公众提供作品”的行为，不应狭隘地理解为向公众提供的是完整的作品，因为著作权法保护的是独创性的表达，只要使用了作品具有独创性表达的部分，均构成对作品信息网络传播权的侵犯。

我国《著作权法》第24条规定的合理使用情形，就包括“为介绍、评论某一作品或者说明某一问题，在作品中适当引用他人已经发表的作品”。那么是否可以主张该“二次创作”行为属于这种合理使用情形呢？在司法实践中，通常要通过以下几个因素来判断：

1. 原作品是否已经公开发表。如果原作品尚未公开发表，二次创作者通过非法手段获取原作品，则不构成合理使用。

2. 使用的目的和性质。即使用者引用作品的目的是否为介绍、评论作品或说明问题，影评类作品往往需不可避免地介绍影视剧作品本身，并再现影视剧作品部分画面，以进行有针对性的评述。但如果重点不在“评”，而在“述”，那么虽改变了表现形式，但具体表达内容并未发生实质性变化，则不应属于合理使用。

3. 是否属于适当引用。适当引用的判断标准并非取决于引用比例，而应取决于介绍、评论或者说明的合理需要，如果截取的视频可以令观众在短时间内获悉剧情、主要画面内容，则超出了评论性引用的范围，不具有适当性。

4. 是否影响该作品的正常使用，损害了著作权人的合法权益。有观点称电影解说行为激发了观众观影热情，促进了电影的宣传，未侵害著作权人的权利。但实际上，以宣传为目的与以替代为目的的提供行为存在着显著的区别。宣传性剪辑通常仅向公众提供保留剧情悬念的推介、宣传信息，以替代为目的的提供行为则涵盖了涉案剧集的主要剧情和关键画面，在一般情况下，难以起到进一步激发观众观影兴趣的作用，不符合权利人利益需求的宣传效果，损害了权利人的合法权益。

那么，对于电影解说类自媒体来说，如何才能避免侵权？首先，可以尝试与版权方合作或在可以得到商用授权的视频网站下载资源，在取得授权后制作发布相应的解说视频；其次，可以比照上述要素调整电影解说视频的内容构成，尽量避免大量引用影视剧内容，避免引用影视剧的核心内容和关键情节。

法律依据

《中华人民共和国著作权法》

第十条 著作权包括下列人身权和财产权：

……

（十二）信息网络传播权，即以有线或者无线方式向公众提供，使公众可以在其选定的时间和地点获得作品的权利；

……

第二十四条 在下列情况下使用作品，可以不经著作权人许可，不向其支付报酬，但应当指明作者姓名或者名称、作品名称，并且不得影响该作品的正常使用，也不得不合理地损害著作权人的合法权益：

（一）为个人学习、研究或者欣赏，使用他人已经发表的作品；

（二）为介绍、评论某一作品或者说明某一问题，在作品中适当引用他人已经发表的作品；

……

网络主播翻唱歌曲，需要取得授权吗？

以案释法

某直播平台上有很多主播直播翻唱知名歌曲，直播结束后，直播视频被主播制作并保存在直播平台上，观众可以通过登录直播平台随时随地进行播放观看和分享。中国音乐著作权协会（以下简称音著协）向法院提起诉讼，主张该平台主播在直播中未经授权翻唱歌曲，其行为侵犯了音著协对此歌曲的版权。

音著协认为，直播平台在未征得歌曲词曲作者及音著协许可和未支付相关著作权使用费的情况下，提供在线播放和在线传播服务，侵犯了著作权人的合法权益，故向法院提起诉讼，要求直播平台停止使用涉案侵权歌曲并赔偿音著协涉案歌曲著作权使用费。法院最终认定侵权，判决直播平台赔偿损失。

在直播平台火热发展的当下，网络主播翻唱歌曲时是否需要取得授权，对于主播和平台来说，是商事经营活动中规避法律风险时必须考虑的问题。

学法用法

中国音乐著作权协会是由国家版权局和中国音乐家协会共同发起成立的音乐著作权集体管理组织，是专门维护作曲者、作词者和其他音乐著作权人合法权益的非营利性机构。音著协根据法律规定以及音乐词曲著作权人的授权向中国大陆地区的各类音乐作品使用者发放著作权有偿许可并可以其自身的名义从事维护音乐著作权的法律诉讼。

在网络直播过程中翻唱歌曲的行为，可能涉及侵犯歌曲著作权人的信息网络传播权和表演权。

信息网络传播权，即以有线或者无线方式向公众提供作品，使公众可以在其个人选定的时间和地点获得作品的权利。如果网络主播翻唱歌曲的音视频存储在直播平台上，且存在未经权利人许可播放歌曲的内容，公众能够在个人选定的时间和地点通过登录直播平台浏览、观看、分享，即属于未经许可对特定歌曲实施的信息网络传播行为，则可能会侵犯著作权人的信息网络传播权。

表演权，即公开表演作品，以及用各种手段公开播送作品的表演的权利。根据著作权法及司法实践，对作品的表演方式包括公开表演和机械表演两种。公开表演指向公众公开表演、现场观看，也被称为活表演。机械表演是对表演行为的延伸，指对表演行为进行录制后再进行公开播放的行为，比如录制MV后公开发行的行为就属于机械表演。网络直播中翻唱他人歌曲，虽然表演者和观众不是全部处于同一时间同一空间，但从网络直播的特点来看，即使表演者和观众隔着屏幕，仍然符合表演行为的公开性和现场性的要求，所以也可能涉嫌侵犯作者的著作权。司法实践中也不乏此种观点，比如《北京市高级人民法院关于侵害知识产权及不正当竞争案件确定损害赔偿的指导意见及法定赔偿的裁判标准》第3.7条规定："主播人员未经许可在网络直播中播放或演唱涉案音乐作品，根据主播人员的知名度、直播间在线观看人数、直播间点赞及打赏量、平台知名度等因素，可以比照前述在线播放、现场表演的基本赔偿标准，酌情确定赔偿数额。"该规定也间接认可了主播人员未经许可在网络直播中播放或演唱涉案音乐作品属于侵权行为。

因此，网络主播在直播过程中如果需要使用他人音乐，应当事先取得版权人的许可，否则可能会侵犯作者的表演权。如果直播平台为没有获得授权的翻唱直播提供了视频存储、回放功能，则可能侵害著作权人的信息网络传播权。

所以，为了网络直播的良性发展，更好地激发互联网经济活力，如何规避音乐侵权，将成为未来所有主播和直播平台都需要考虑的问题。虽然主播可以自行向音著协或者著作权人取得授权，但单凭主播个人，能力和意识均有局限，为了更好地解决这个问题，直播平台或许可以像KTV一样，通过批量与音著协或著作权人取得授权的方式，设置曲库名单或内置歌单，供主播合法使用。

法律依据

《中华人民共和国著作权法》

第十条　著作权包括下列人身权和财产权：

（一）发表权，即决定作品是否公之于众的权利；

……

（九）表演权，即公开表演作品，以及用各种手段公开播送作品的表演的权利；

……

（十二）信息网络传播权，即以有线或者无线方式向公众提供，使公众可以在其选定的时间和地点获得作品的权利；

……

第三十八条　使用他人作品演出，表演者应当取得著作权人许可，并支付报酬。演出组织者组织演出，由该组织者取得著作权人许可，并支付报酬。

第五十二条　有下列侵权行为的，应当根据情况，承担停止侵害、消除影响、赔礼道歉、赔偿损失等民事责任：

……

（六）未经著作权人许可，以展览、摄制视听作品的方法使用作品，或者以改编、翻译、注释等方式使用作品的，本法另有规定的除外；

（七）使用他人作品，应当支付报酬而未支付的；

……

（十）未经表演者许可，从现场直播或者公开传送其现场表演，或者录制其表演的；

（十一）其他侵犯著作权以及与著作权有关的权利的行为。

第五十四条 侵犯著作权或者与著作权有关的权利的，侵权人应当按照权利人因此受到的实际损失或者侵权人的违法所得给予赔偿；权利人的实际损失或者侵权人的违法所得难以计算的，可以参照该权利使用费给予赔偿。对故意侵犯著作权或者与著作权有关的权利，情节严重的，可以在按照上述方法确定数额的一倍以上五倍以下给予赔偿。

权利人的实际损失、侵权人的违法所得、权利使用费难以计算的，由人民法院根据侵权行为的情节，判决给予五百元以上五百万元以下的赔偿。

赔偿数额还应当包括权利人为制止侵权行为所支付的合理开支。

人民法院为确定赔偿数额，在权利人已经尽了必要举证责任，而与侵权行为相关的账簿、资料等主要由侵权人掌握的，可以责令侵权人提供与侵权行为相关的账簿、资料等；侵权人不提供，或者提供虚假的账簿、资料等的，人民法院可以参考权利人的主张和提供的证据确定赔偿数额。

人民法院审理著作权纠纷案件，应权利人请求，对侵权复制品，除特殊情况外，责令销毁；对主要用于制造侵权复制品的材料、工具、设备等，责令销毁，且不予补偿；或者在特殊情况下，责令禁止前述材料、工具、设备等进入商业渠道，且不予补偿。

签订著作权许可使用合同时需要注意什么?

以案释法

甲公司与乙公司系关联公司，甲、乙公司通过授权取得涉案剧作的信息网络传播权、网络定时播放权的独占性专有使用权和单独进行法律维权的权利，甲公司与乙公司可以各自行使上述权利，相互不受限制。

随后丙公司向甲公司表明了采购涉案剧作的意愿，并积极与甲公司拟定许可合同条款，最终达成了《授权协议》，约定许可使用费每集10万元，该作品在一系列平台播出，授权时间自上线之日起两年。甲公司通过电子邮件发送上线通知的方式向丙公司发送了网络上线要求和下载介质的FTP地址，并应丙公司要求发送了海报、剧照、片花的下载地址，丙公司未对甲公司交付的介质提出异议。

后丙公司与甲公司对于双方是否存在电视连续剧信息网络传播权的许可使用合同关系以及许可使用费的数额发生争议，诉至法院。丙公司主张双方之间不存在合同关系，丙公司未在《授权协议》上签字盖章，《授权协议》并未成立。同时，涉案作品的信息网络传播权等权利经丁公司授权给甲公司和乙公司两方主体，甲公司无权单独分销涉案作品。此外，每集10万元总计410万元的许可使用费用也显失公平。法院最终认定双方的许可使用合同关系成立，要求丙公司依约履行支付许可使用费的义务。

本案的权利义务关系是比较明晰的，甲、丙两公司仍然发生争议的原因之一就是在签订许可使用合同时，双方对相关条款约定不明以致发生法律风险。

学法用法

著作权许可使用合同是指著作权人许可他人在一定期限、范围内以某种方式使用其作品，使用人向著作权人支付报酬的合同。

一般著作权许可使用合同在签订时，涉及合同名称、合同主体、交易安排、许可权利、重点条款等方面，其中合同的名称为著作权许可使用合同；合同的主体一般包括著作权人及被许可方；交易安排要表明作者将著作权的全部或者部分在一定期限内授权被许可人使用，被许可人支付许可使用费；许可权利方面，原则上著作权法规定的财产权利均可以许可使用；重点条款就应该考虑得更全面，包括许可权利及使用方式、许可地域范围及时间、许可使用费用、转让许可及获利后收益的分配、衍生品分销及收益分配，等等。

在签订著作权许可使用合同时，以下几个方面应尤为注意：

第一，释明权利义务。当事人在订立著作权许可使用合同时应当将许可使用的权利种类列明并尽可能予以解释，以防因约定不明产生纠纷。实务中当事人往往不能清晰辨别不同权利之间的区别，因此当事人在列明许可权利种类后，应尽可能明确作品的使用方式。

第二，明确许可期限。实践中部分著作权许可使用合同直接约定“许可期限为 × 年”，但有些使用期限存在连续性，可能无法清晰划断，此时建议对许可期限进行相对宽松的约定。

第三，确定许可使用方式。实务中为避免纠纷，著作权许可使用合同需明确独占许可、独家许可、排他许可、一般许可等许可使用方式的概念。

法律依据

《中华人民共和国著作权法》

第二十六条　使用他人作品应当同著作权人订立许可使用合同，本法规定可以不经许可的除外。

许可使用合同包括下列主要内容：

（一）许可使用的权利种类；

（二）许可使用的权利是专有使用权或者非专有使用权；

（三）许可使用的地域范围、期间；

（四）付酬标准和办法；

（五）违约责任；

（六）双方认为需要约定的其他内容。

第二十九条　许可使用合同和转让合同中著作权人未明确许可、转让的权利，未经著作权人同意，另一方当事人不得行使。

第三十条　使用作品的付酬标准可以由当事人约定，也可以按照国家著作权主管部门会同有关部门制定的付酬标准支付报酬。当事人约定不明确的，按照国家著作权主管部门会同有关部门制定的付酬标准支付报酬。

第三十一条　出版者、表演者、录音录像制作者、广播电台、电视台等依照本法有关规定使用他人作品的，不得侵犯作者的署名权、修改权、保护作品完整权和获得报酬的权利。

所有短视频都可以被认定为作品，受著作权法保护吗？

以案释法

吴某系某短视频平台用户，其上传、发布了一条视频（以下简称涉案视频），并获较高点击量。根据该短视频平台与用户签署的《服务协议》《知识产权条款》等约定以及吴某的授权，该短视频平台合法取得涉案视频在全球范围内的独家信息网络传播权。某公司在其运营的小视频APP中上传并发布了涉案视频，且在收到要求下线视频的律师函后未做处理。某短视频平台提起诉讼主张该公司的行为侵害了短视频平台的著作权，应承担相应的法律责任。

该公司认为涉案视频不构成作品，不应受著作权法保护，理由为：一方面涉案视频时间很短，仅有18秒；另一方面涉案视频不具有独创性，其三要表现用打气筒给汽车打气的诙谐场景，类似场景早在网络上广泛流传。该短视频平台认为涉案视频与其他视频网站中搜索出的类似视频不相同，并非以一个打气动作拍摄，而是通过与“二人转”相似的对话行为和诙谐动作体现幽默感的作品，具有独创性，应属受著作权法保护的作品。双方的争议焦点在于，涉案的短视频是否属于著作权法所保护的作品范围。

学法用法

著作权法所称的作品，是指文学、艺术和科学领域内具有独创性并能以某种有形形式复制的智力成果。由此可见，受著作权法保护的作品是有一定限制的，短视频要想成为著作权法保护的作品，应该满足如下要件：一是短视频作品要涵盖在文学、艺术或科学领域范围内；二是短视频要具有独创性，是作者本人智力成果的结晶；三是该短视频要能够以有形的形式复制。关于前两个条件，司法实践中的观点是较为一致的，目前市场中的短视频作品一般都以音乐、表演等形式为载体，实质内容都是作者情感或思想的表达，同时，在网络中传播的短视频都能够以有形的形式复制，因此，判定短视频是否受著作权法保护的关键就在于该短视频是否具有独创性。

短视频具备独创性，应当满足以下基本要素：

第一，短视频由作者独立完成。在司法实践中，一般会综合考量该视频是否与其他同题材视频、图片、文字素材等存在能够被客观识别的差异，如果经过对比存在较大区别，且没有证据证明该短视频在发布前存在相同或近似的短视频内容，则应当认定该短视频是由创作者独立完成的。

第二，短视频具有创作性。基于短视频的创作和传播有助于公众的多元化表达和文化的繁荣角度考虑，对短视频创作性的判断不宜要求过高，满足最低限度的创作性即体现出制作者的个性化表达即可。在短视频市场中普遍存在的现象是，短视频的制作者一般在已有素材的基础上进行二次创作或者是模仿其他视频，此时只要短视频内容与其他使用相关素材的视频不同，能够体现创作者个性化的表达，则应认定为具有创作性。但是需要注意的是，若在短视频创作中未经允许使用他人受著作权保护的作品或者未经原作者授权或许可改编原作品形成新的视频作品的，则不排除视频创作者侵犯他人著作权，从而承担相应侵权责任的法律风险。

法律依据

《中华人民共和国著作权法》

第三条　本法所称的作品，是指文学、艺术和科学领域内具有独创性并能以一定形式表现的智力成果，包括：

（一）文字作品；

（二）口述作品；

（三）音乐、戏剧、曲艺、舞蹈、杂技艺术作品；

（四）美术、建筑作品；

（五）摄影作品；

（六）视听作品；

（七）工程设计图、产品设计图、地图、示意图等图形作品和模型作品；

（八）计算机软件；

（九）符合作品特征的其他智力成果。

游戏主播对自己的游戏直播视频享有著作权吗？

以案释法

甲公司和乙公司经营的网站均系网络游戏互联网在线视频直播类型的网站。丙公司系某知名的电子竞技类网络游戏的代理运营商。

甲公司与丙公司达成协议，丙公司将涉案游戏赛事的视频转播权独家授权给甲公司。其后，甲公司举办了该游戏的亚洲邀请赛，通过网站对比赛进行了全程、实时的视频直播，视频内容由计算机软件截取的游戏自带的比赛画面，甲公司的游戏主播对比赛的解说，甲公司对其游戏直播间及游戏主播拍摄的画面，甲公司对决赛现场情况拍摄的画面以及甲公司对比赛制作的音效、字幕、慢镜头回放、灯光照明等组成，观众可以在甲公司网站上免费观看预选赛和决赛的比赛直播。乙公司未获得甲公司授权，私自在乙公司平台上转播游戏比赛画面并允许主播作为解说嘉宾对赛事进行播放，甲公司以乙公司侵犯其著作权以及构成不正当竞争为由，向法院提起诉讼。

学法用法

游戏直播视频是一种以互联网为媒介的在线交流娱乐活动，直播方将游戏操作过程同步于网络，并配以自我解说、音乐特效、文字解释等为游戏直播画面服务，用户可以实时观看并与直播者进行即时互动。

著作权法保护的作品应具备两大特征：独创性和可复制性，而游戏主播的直播视频在去除可以认定为文字作品和口述作品的部分后，该种类型网络游戏直播画面并没有多少独创性的东西，其内容仍然是网络游戏作品开发时所预设的各种可能性方案的实现，并未给作品添加新的表达，或形成区别于原作品的新作品。主播玩家的选择是基于实用或高效赢得比赛的选择，而非基于美学或表达性目的所作的个性化选择，展现的也是玩家游戏技巧的高低，而非独创性的表达，因此难以形成具有独创性的表达从而构成新的作品。因此，在司法实践中，主播自行直播的游戏画面更多被认定为录像制品来进行保护，不是作为作品进行完整保护。

录像制品是指视听作品以外的任何有伴音或者无伴音的连续图像的录制品，录像制品可以视为作品的一个载体，对他人呈现的作品进行简单处理和复制。而网络游戏直播画面则是对网络游戏画面的机械处理，虽然在游戏视频的编排过程中体现了玩家的游戏思路和技巧，但是简单的配音和剪辑并没有体现游戏玩家的独创性表达，不能构成著作权法中的作品。然而著作权法仍保护录音录像者的复制发行等权利，因此，虽然游戏直播视频不构成作品，但该类视频仍然可以作为录像制品受到著作权法的保护。未经主播许可，他人不可以复制或通过信息网络传播直播内容。此外，游戏主播还享有肖像权等人格权，该权利也能够禁止他人商业使用包含其肖像的直播视频。

法律依据

《中华人民共和国著作权法》

第四十二条 录音录像制作者使用他人作品制作录音录像制品，应当取得著作权人许可，并支付报酬。

录音制作者使用他人已经合法录制为录音制品的音乐作品制作录音制品，可以不经著作权人许可，但应当按照规定支付报酬；著作权人声明不许使用的不得使用。

第四十四条　录音录像制作者对其制作的录音录像制品，享有许可他人复制、发行、出租、通过信息网络向公众传播并获得报酬的权利；权利的保护期为五十年，截止于该制品首次制作完成后第五十年的12月31日。

被许可人复制、发行、通过信息网络向公众传播录音录像制品，应当同时取得著作权人、表演者许可，并支付报酬；被许可人出租录音录像制品，还应当取得表演者许可，并支付报酬。

第四十五条　将录音制品用于有线或者无线公开传播，或者通过传送声音的技术设备向公众公开播送的，应当向录音制作者支付报酬。

网络游戏直播需要获得游戏制作者的授权吗？

以案释法

甲公司推出大型多人在线角色扮演类游戏，游戏用户在登录游戏过程中，必须点击同意《服务条款》《玩家守则》等前置说明，其中规定了“未经许可不得通过第三方软件公开全部或部分展示、复制、传播、播放游戏画面”等条款。其后，乙公司在其经营的直播网站上开设直播专区，组织主播人员直播涉案游戏，直播所呈现的画面实时展示、传播了主播人员操作下的游戏连续动态画面。乙公司对主播人员进行排行、点评、推荐，制定利益分成体系，并直接从直播中抽成获利。甲公司发现上述情况后致函乙公司要求其停止直播涉案游戏，经交涉未果，遂向法院提起诉讼。

甲公司诉称乙公司擅自在其经营的直播网站上开设直播专区、组织主播人员直播涉案游戏，侵犯了甲公司的著作权及构成不正当竞争，请求法院判令乙公司停止侵权、赔礼道歉并赔偿损失。乙公司辩称甲公司并非涉案游戏的著作权人，游戏运行呈现的连续动态画面不构成著作权法规定的以类似摄制电影的方法创作的作品（以下简称类电作品）。游戏直播对游戏本身有极大促进作用，直播目的具有转换性，应构成对游戏画面的合理使用。游戏直播行为不属于著作权法规定的任何一项具体权利的调整范围，也不能随意适用“兜底权利”，乙公司被诉行为不构成侵犯著作权的行为。即使侵权成立，游戏直播所创造的价值主要来源于游戏主播的贡献，游戏因素在直播获利中贡献极小，甲公司主张的赔偿数额不合理。

学法用法

著作权法所保护的作品，是指文学、艺术和科学领域内具有独创性并能以一定形式表现的智力成果。游戏连续动态画面属于文学、艺术领域具有独创性并能以有形形式复制的智力成果，能够作为作品获得著作权法保护，这一观点基本已经达成共识。有所争议的是网络游戏到底属于哪一种作品类型，有观点认为是文字、音乐、美术等多种作品的组合，也有观点认为属于类电作品，即在一定介质上，由一系列有伴音或者无伴音的画面组成，并且借助适当装置放映或者以其他方式传播的作品。游戏连续动态画面符合“由一系列有伴音或者无伴音的画面组成”的核心特征，其复杂制作过程和最终视听表达体现了较高的创作高度，可认定为类电作品。换言之，以上两种观点均认为网络游戏应当受到著作权法的保护。

直播是一种向公众直接提供内容的实时传播行为，直播游戏画面的行为实际上就是公开传播作品的行为。游戏直播不属于著作权法规定的展览权、放映权、表演权、广播权、信息网络传播权的调整控制范围，属于“应当由著作权人享有的其他权利”。因此游戏作品是受著作权法所保护的，直播游戏的权利应由游戏著作权人享有，游戏主播在进行游戏直播时应当获得游戏制作者的授权。

但不可否认的是，游戏直播平台、游戏主播对于游戏行业的发展起到了一定的宣传推动作用，此时就面临着“游戏直播是否构成对游戏作品的合理使用”的正当性追问。司法裁判中也在一定程度上阐述了游戏直播是否构成合理使用的判断标准，特别强调了新业态下的利益平衡，游戏直播行为基于商业营利目的使用了游戏画面，若使用部分的比例超出合理限度，影响了游戏著作权人对游戏画面著作权利的正常许可使用，对涉案游戏潜在市场收益造成实质性损害，不能认定为合理使用行为。但直播获利除依托于游戏本身外，离不开游戏直播平台、游戏主播的价值贡献，若将新兴产业全部市场收益都归于游戏著作权人独自享有，将导致利益失衡，有悖公平，不利于新业态健康发展。因此当平台或个人未经授权直播游戏侵犯游戏制作者的著作权时，在司法实践中也会从利益平衡角度合理确定赔偿数额。

法律依据

《中华人民共和国著作权法》

第三条 本法所称的作品，是指文学、艺术和科学领域内具有独创性并能以一定形式表现的智力成果，包括：

（一）文字作品；

（二）口述作品；

（三）音乐、戏剧、曲艺、舞蹈、杂技艺术作品；

（四）美术、建筑作品；

（五）摄影作品；

（六）视听作品；

（七）工程设计图、产品设计图、地图、示意图等图形作品和模型作品；

（八）计算机软件；

（九）符合作品特征的其他智力成果。

找不到作者的作品可以使用吗？如何使用可以降低风险？

以案释法

甲公司在其网站中使用了2张摄影作品，但甲公司未找到作品的权利人，因此认为该作品系无主作品，可以自由使用。甲公司使用摄影作品后，李某向法院主张权利，称其对涉案作品享有著作权，并提交了《作品登记证书》等证据予以证明。甲公司在其网站上非法使用李某享有著作权的照片，构成侵权，应承担相应的责任。

甲公司主张李某没有提供涉案2张照片的胶卷底片，光盘也未显示该2张照片的信息，涉案2张照片没有单独的作品登记证书，李某所提交证据不能证明其享有涉案2张照片的著作权，涉案2张照片属于已经公开的网络无主作品。法院最终认定甲公司侵犯了李某的著作权。

学法用法

无主作品是指受著作权法保护但作者身份不明或者经过勤勉查找仍然无法确定权利人的作品，这样的作品权利状态是不确定的，使用者在使用此类作品时就意味着要承担不确定性的责任风险。但有时候却又不得不使用此类作品，此时，为了进一步降低风险，使用者至少要从以下两个方面注意防范侵权风险：

第一，使用者首先要做到的就是在使用无主作品之前或者合理期限内，必须全力查找作品权利人的相关信息，只有在履行了“勤勉查找”的义务后，其使用无主作品的行为才不会被视为侵权行为。“勤勉查找”包括但不限于以下方面：（1）查找包含权利人姓名或名称、地址、作品标题、作品年代等信息的资料数据库；（2）检索版权局向所有公众开放的在线记录；（3）必要时可采取登报广告或者在版权局官方网站发布公告等形式，通过公众获取权利人的信息；（4）适当的技术工具及合理的专业协助等。

第二，使用者在履行“勤勉义务”后仍不能找到作品的著作权人的，在使用该作品时应明确声明作品来源，同时表示“版权归原创者所有，如有侵权请联系删除”，如果著作权人与使用者联系，使用者必须要按照著作权人要求删除作品或者取得著作权人授权。

法律依据

《中华人民共和国著作权法》

第五十二条 有下列侵权行为的，应当根据情况，承担停止侵害、消除影响、赔礼道歉、赔偿损失等民事责任：

……

（六）未经著作权人许可，以展览、摄制视听作品的方法使用作品，或者以改编、翻译、注释等方式使用作品的，本法另有规定的除外；

（七）使用他人作品，应当支付报酬而未支付的；

……

（十）未经表演者许可，从现场直播或者公开传送其现场表演，或者录制其表演的；

（十一）其他侵犯著作权以及与著作权有关的权利的行为。

（二）商标权

注册商标有限制吗？什么样的商标具有可注册性？

以案释法

某公司申请将主播的标志性导购用语注册为声音商标，一度引发不少讨论。与之对应的商品服务品类包括：商业审计；寻找赞助；药用、兽医用、卫生用制剂和医疗用品的零售服务；为零售目的在通信媒体上展示商品；特许经营的商业管理；广告；为推销优化搜索引擎；为商品和服务的买卖双方提供在线市场；人事管理咨询；商业中介服务。随着该项声音商标申请被驳回，其正当性追问也接踵而至：究竟什么样的商标才能够申请注册？

学法用法

在版权意识不断提高的当下，注册商标的行为也愈发常见。目前，常见的商标类型为文字商标、图形商标、字母商标、数字商标、三维标志商标、颜色组合商标、组合商标、声音商标八种。（1）文字商标：文字商标是由文字组成的商标，文字商标包括汉字、少数民族文字，也包括外国文字。（2）图形商标：图形商标就是指用图形构成的商标。图形商标所使用的图形涵盖的范围非常广泛，有无限的变化空间和易于表达的视觉外观，例如花草树木、日月星辰等。（3）字母商标：字母商标就是指拼音或注音符号的最小书写单位，包括汉语拼音文字、外文字母、拉丁字母等构成的商标。（4）数字商标：数字商标是由阿拉伯数字或中文大写数字构成的，必须有两个以上数字才能作为数字商标。（5）三维标志商标：三维标志商标又称为立体标志商标，它是指具有长、宽、高三种度量的立体物标志，它与表现在一个平面上的商标不同，而是以一个立体物质形态出现，这种形态可以表现在商品外形上，也可以表现在商品的容器或者其他地方。（6）颜色组合商标：颜色组合商标是指由不同颜色组成的商标，独特新颖的颜色组合不仅给人们一种美感，而且具有显著性，能起到表示产品或者其来源的作用，也能起到区分生产者、经营者、服务者的作用。（7）组合商标：组合商标是由文字、数字、字母、图形、三维标志和颜色组合等要素中的两个或者两个以上要素构成的相同的或不相同的任意组合。（8）声音商标：声音商标是非传统商标的一种，与其他可以作为商标的要素（文字、数字、图形、颜色等）一样，要求具备能够将一个企业的产品或服务与其他企业的产品或服务区别开来的基本功能，即必须具有显著特征，便于消费者识别。

但是并非所有的商标都能够申请注册，我国《商标法》明确规定了不能够注册为商标的情形：（1）仅有本商品的通用名称、图形、型号的；（2）仅直接表示商品的质量、主要原料、功能、用途、重量、数量及其他特点的；（3）其他缺乏显著特征的。但是，前述标志经过使用取得显著特征，并便于识别的，可以作为商标注册。

商标要想获批注册，至少应满足以下条件：首先，商标必须具有鲜明的特征，使消费者能够将其作为标识某一特定产品的标志加以区别，并将其与其他商标相区别，以标识其他产品。标志不得误导、欺骗消费者，不得违反公共秩序和公共道德。其次，申请的商标不得与已经授予其他商标注册人的商标相同或者近似。这可以通过国家知识产权局商标局的调查和审查，或通过提出类似或相同索赔的第三方提出的异议来确定。

在商标满足注册条件时，必须经过申请才能够成为注册商标，受到法律的保护。具体申请流程如下：商标查询，排除自己申请的商标与已经获批注册的商标相同或类似→申请文件准备，申请材料必须包括要注册的商标的清晰图案，包括任何颜色、形状或三维特征，应用程序还必须包含使用徽标的商品或服务的列表→申请提交，将申请材料提交给相应的国家或地区的商标局→支付商标注册费→商标形式审查→签发商标受理通知书→商标实质审查→商标公告→签发商标证书。

法律依据

《中华人民共和国商标法》

第七条　申请注册和使用商标，应当遵循诚实信用原则。

商标使用人应当对其使用商标的商品质量负责。各级工商行政管理部门应当通过商标管理，制止欺骗消费者的行为。

第八条　任何能够将自然人、法人或者其他组织的商品与他人的商品区别开的标志，包括文字、图形、字母、数字、三维标志、颜色组合和声音等，以及上述要素的组合，均可以作为商标申请注册。

第九条　申请注册的商标，应当有显著特征，便于识别，并不得与他人在先取得的合法权利相冲突。

商标注册人有权标明“注册商标”或者注册标记。

第十条　下列标志不得作为商标使用：

（一）同中华人民共和国的国家名称、国旗、国徽、国歌、军旗、军徽、军歌、勋章等相同或者近似的，以及同中央国家机关的名称、标志、所在地特定地点的名称或者标志性建筑物的名称、图形相同的；

（二）同外国的国家名称、国旗、国徽、军旗等相同或者近似的，但经该国政府同意的除外；

（三）同政府间国际组织的名称、旗帜、徽记等相同或者近似的，但经该组织同意或者不易误导公众的除外；

（四）与表明实施控制、予以保证的官方标志、检验印记相同或者近似的，但经授权的除外；

（五）同“红十字”、“红新月”的名称、标志相同或者近似的；

（六）带有民族歧视性的；

（七）带有欺骗性，容易使公众对商品的质量等特点或者产地产生误认的；

（八）有害于社会主义道德风尚或者有其他不良影响的。

县级以上行政区划的地名或者公众知晓的外国地名，不得作为商标。但是，地名具有其他含义或者作为集体商标、证明商标组成部分的除外；已经注册的使用地名的商标继续有效。

第十一条 下列标志不得作为商标注册：

（一）仅有本商品的通用名称、图形、型号的；

（二）仅直接表示商品的质量、主要原料、功能、用途、重量、数量及其他特点的；

（三）其他缺乏显著特征的。

前款所列标志经过使用取得显著特征，并便于识别的，可以作为商标注册。

第十二条 以三维标志申请注册商标的，仅由商品自身的性质产生的形状、为获得技术效果而需有的商品形状或者使商品具有实质性价值的形状，不得注册。

什么是防御性商标？如何利用防御性商标保护商标权？

以案释法

知名品牌进行商标的防御性注册早已不是新鲜事。当下企业注册“防御性商标”十分普遍，尤其是在恶意抢注、商标囤积、攀附名牌的行为屡禁不止的背景下，防御性注册已经成为企业为保护自身品牌价值而普遍采取的策略。如“娃哈哈”公司可能会申请注册“娃娃哈”“哈娃娃”“笑哈哈”“哈哈娃”。企业通过注册“防御性商标”筑起“商标护城河”，是阻挡恶意抢注商标行为、维护自身商标权益的举措。

学法用法

“防御性商标”在我国通常是指较为知名的商标所有人在该注册商标核定使用的商品（服务）或类似商品（服务）以外的其他不同类别的商品或服务上注册的若干相同或近似的商标，为防止他人在这些类别的商品或服务上注册使用相同或近似的商标。原商标为主商标，其余为防御商标。

商标法的一般原则是“注册在先”，谁先注册商标，法律保护谁，当然申请商标注册不得损害他人现有的在先权利。但总体来看，一旦商标被其他企业“注册在先”，再要维权，举证责任、诉讼维权等成本相对更大。注册“防御性商标”能在侵权损失发生前有效阻挡恶意抢注或者无意识“搭便车”的行为，他人在相同或类似的商品或服务上就相同或类似商标的注册申请，在商标注册审查阶段便会被直接驳回，无须花费大量时间和财力人力进行事后救济，避免许多不必要的纠纷，为企业节省较多的精力。

注册防御性商标的方式主要有两个：其一，商标所有人在原注册商标使用的商品（服务）类别外，跨行业申请注册若干相同商标。其二，商标所有人为了防范他人在同类别商品（服务）上申请类似商标，在同行业、同类别内申请注册和原商标近音、同音或字形近似的商标。

然而，注册防御性商标并非一劳永逸，企业也要做好商标的续展与保护工作。根据《商标法》规定，连续3年不使用注册商标的，任何单位或者个人可以向商标局申请撤销该注册商标。根据《商标法》规定，注册商标有效期满，未及时续展的，注销其注册商标。因此商标权人在注册防御性商标后，也应积极使用及办理续展，否则可能面临商标被撤销或注销的风险。

法律依据

《中华人民共和国商标法》

第三十二条 申请商标注册不得损害他人现有的在先权利，也不得以不正当手段抢先注册他人已经使用并有一定影响的商标。

第四十九条 商标注册人在使用注册商标的过程中，自行改变注册商标、注册人名义、地址或者其他注册事项的，由地方工商行政管理部门责令限期改正；期满不改正的，由商标局撤销其注册商标。

注册商标成为其核定使用的商品的通用名称或者没有正当理由连续三年不使用的，任何单位或者个人可以向商标局申请撤销该注册商标。商标局应当自收到申请之日起九个月内做出决定。有特殊情况需要延长的，经国务院工商行政管理部门批准，可以延长三个月。

什么是在先权利？如何利用在先权利保护商标权？

以案释法

某公司将某知名漫画形象在《类似商品和服务区分表》第25类商品（服装等商品）上注册为图形商标，并在童鞋等商品上使用该注册商标。权利人就该行为提起民事诉讼，称该公司所用漫画形象的图形商标侵犯了其著作权。权利人以著作权的在先权利为依托，主张该公司承当相应的侵权责任。

学法用法

根据《商标法》规定，申请商标注册不得损害他人现有的在先权利，也不得以不正当手段抢先注册他人已经使用并有一定影响的商标。由此可见，申请人想要成功注册商标，便不能损害他人的合法的在先权利。申请人在申请注册商标时，有以下在先权利需要注意：

第一，姓名权。姓名权是公民依法享有决定、使用、变更自己姓名的一种人格权利。判定商标是否侵犯他人姓名权的重要依据是：公民姓名与商标名称是否相同或近似、公民姓名的知名度以及将公民姓名作为商标使用是否会损害公民的名誉。

第二，肖像权。肖像权是自然人对自己的肖像享有再现、使用并排斥他人侵害的权利。企业或个人可将获得许可使用的肖像申请为注册商标。任何企业或个人未经肖像权人许可而将其肖像申请为注册商标，都将构成侵犯他人肖像权。

第三，商号权。商号是企业名称的核心部分，是不同企业相互区别的主要标志，由当地市场监督管理机关核准。申请注册的商标是否侵犯商号权，一方面要依据商号权和商标名称是否相同或近似，另一方面也要考虑商号权企业的知名度、商标是否会对商号权企业造成负面影响等。

第四，著作权。著作权是著作权人对其创作的文学、艺术和科学作品等智力成果依法享有的专有权利。一旦著作权人完成了一件作品的创作，其就享有该作品的著作权，任何人未经著作权人许可而将其作品申请为注册商标或者作为商标使用，都将构成侵犯著作权人的著作权。

第五，外观设计专利权。外观设计专利是指设计者对产品的形状、图案或者其结合以及色彩与形状、图案的结合所作出的富有美感并适于工业应用的新设计。外观设计专利权需要知识产权局授权后才能享有，如果注册商标使用了他人在先外观设计专利中的形状或图案，即侵犯了外观设计专利权人的在先外观设计专利权。

在先权利受到注册商标侵犯时的维权途径：其一，向监督检查部门举报。根据《反不正当竞争法》的规定，对涉嫌不正当竞争行为，任何单位和个人有权向监督检查部门举报，监督检查部门接到举报后应当依法及时处理。其二，申请宣告注册商标无效。在先权利人有权向商标主管部门申请宣告注册商标无效。其三，提起民事诉讼。在先权利人可以直接起诉注册商标侵权人，要求法院判决侵权人承担停止使用、规范使用、赔偿损失等民事责任。

法律依据

《中华人民共和国商标法》

第三十一条 两个或者两个以上的商标注册申请人，在同一种商品或者类似商品上，以相同或者近似的商标申请注册的，初步审定并公告申请在先的商标；同一天申请的，初步审定并公告使用在先的商标，驳回其他人的申请，不予公告。

第三十二条　申请商标注册不得损害他人现有的在先权利，也不得以不正当手段抢先注册他人已经使用并有一定影响的商标。

第四十四条第一款　已经注册的商标，违反本法第四条、第十条、第十一条、第十二条、第十九条第四款规定的，或者是以欺骗手段或者其他不正当手段取得注册的，由商标局宣告该注册商标无效；其他单位或者个人可以请求商标评审委员会宣告该注册商标无效。

姓名或名称被恶意抢注成商标，应如何维权？

以案释法

某视频弹幕网站上的一名主播某日收到一家公司的邮件，该公司在邮件中称其为该主播网名中国地区商标的所有权人，商标经核准注册在《类似商品和服务区分表》第41类娱乐节目等服务项目上，并指称该主播目前所运营的微信、腾讯、头条公众号等已涉嫌侵犯该公司的注册商标权，并且该公司要求该主播及时整改更名，否则将委托律师发函，要求各大平台将其查封。但是，该主播网名实际是其真实姓名，该公司系将主播真实姓名注册成了商标，该主播随后进行了一系列维权。

学法用法

很多自媒体博主并无成熟的团队或者公司，没有专门的法务部门，知识产权的保护意识也较为薄弱，对于一些商标抢注现象并无防范意识，辛辛苦苦打造的个人品牌将要拱手让人，最终迫于无奈只能破财消灾，滋生了一批又一批以“抢注”为手段的商标贩子。自己的姓名或名称被恶意抢注成商标，相关权利人需要积极在法律的框架内维护自身合法权益。

根据《商标法》规定，申请商标注册不得损害他人现有的在先权利。姓名权属于该条规定所保护的在先权利，未经他人许可将该他人的姓名申请注册为商标，给该他人姓名权造成或者可能造成损害，该他人及其利害关系人提出异议的，该商标注册申请不应当核准。当自己的姓名被恶意抢注成商标时，应采取积极举措维护自身合法权益：

第一种途径，自己掌握商标权。目前国内的商标注册费相对较低，这笔费用对于一个自媒体博主来说应该是可以负担的。若在初期默默无闻时已选好艺名，则应当尽快对自己的艺名进行商标注册申请。在注册类别上，一般的娱乐博主推荐在《类似商品和服务区分表》第35类广告、第41类娱乐相关的类别上申请商标保护，这对普通的博主来说也是最核心最重要的服务类别。在商标图样的选择上，除本身名称的注册外，若有其他配合使用的图形图样，建议一并注册。

第二种途径，提出异议申请。商标在申请人提交注册申请后会由商标局的审查人员从形式审查和实质审查两方面进行审理。形式审查即对申请人的主体资格、提交材料是否规范齐全等方面进行审查，若合格则会下发商标受理通知书，并在之后对商标进行实质审查。实质审查主要审查该商标是否有《商标法》规定的禁止注册的情形，除此之外，还需要对该商标是否有在先近似商标进行审查。在形式审查和实质审查通过之后，商标局会发出初步审定公告，进行为期3个月的公告期，在这期间若发现自己的姓名被恶意抢注，可以对其提出“异议申请”。

第三种途径，提出无效宣告。在被抢注的商标已经获得授权并注册成功之后，若相关权利人发现涉嫌抢注自己的商标，可以请求商标评审委员会宣告该注册商标无效。但值得注意的是，虽然无效宣告成功后该商标会处于无效状态，但在整个无效宣告的过程中，该商标依然是有效的，商标权利人依然可将该商标作为自己的权利基础要求腾讯、微博等其他网站将博主的全部涉嫌侵权的运营号删除或者下架。而无效宣告的时间往往可以长达1年，在商标宣告无效决定书下达后，还有可能经历诉讼环节，一审、二审甚至再审，整体的周期会比较长。

法律依据

《中华人民共和国民法典》

第一千零一十二条 自然人享有姓名权，有权依法决定、使用、变更或者许可他人使用自己的姓名，但是不得违背公序良俗。

第一千零一十四条 任何组织或者个人不得以干涉、盗用、假冒等方式侵害他人的姓名权或者名称权。

《中华人民共和国商标法》

第三十条 申请注册的商标，凡不符合本法有关规定或者同他人在同一种商品或者类似商品上已经注册的或者初步审定的商标相同或者近似的，由商标局驳回申请，不予公告。

第三十二条 申请商标注册不得损害他人现有的在先权利，也不得以不正当手段抢先注册他人已经使用并有一定影响的商标。

CHAPTER V

第五章

行政监管

自媒体发布内容哪些红线不能踩？

以案释法

12月3日，小飞在家中使用手机登录某网络论坛，发布了题名为“如果让全民公投决定是否加入某国，会有什么结果”的帖子，截至案发时，该帖子浏览量为29784次，回复量为36次。12月6日，县公安局发现该帖子后即传唤小飞接受询问，小飞如实供述了在论坛发布上述帖子的事实。当日，县公安局立案并经调查取证、权利告知、申辩陈述等行政程序后，于次日作出行政处罚决定书，认定小飞以取乐为目的，在网络论坛随意散布不当言论，该行为扰乱了网络空间公共秩序，构成寻衅滋事，根据《治安管理处罚法》的规定，决定给予小飞行政拘留8日的处罚。随后，县公安局对小飞执行了行政拘留。12月21日，小飞向法院提起行政诉讼，请求撤销行政处罚决定书。

法院经审理后认定，根据《治安管理处罚法》第7条规定，县级以上地方各级人民政府公安机关负责本行政区域内的治安管理工作。《网络安全法》第74条第2款规定，违反本法规定，构成违反治安管理行为的，依法给予治安管理处罚。因此，县公安局对辖区内违反《网络安全法》规定，构成违反治安管理行为的，具有行政处罚的法定职权。最终，法院认定小飞的行为构成寻衅滋事，依法应当予以行政处罚。

学法用法

互联网的发展，为广大网民创造了充分展示自我、表达自我的广阔平台，也催生了无数自媒体从业者。近几年来，自媒体从业者因发布的内容违法违规而被关停、惩处的案例屡见不鲜。不论是普通网友，还是拥有众多粉丝和读者的自媒体大V、大号，在发表言论、发布内容时，总要坚守底线，红线坚决不能碰。

针对互联网信息内容的规范管理，国家出台了包括《网络安全法》等在内的一系列法律法规，明确规定了包括自媒体从业者在内的所有互联网信息发布者，在发布内容时有以下红线不得触碰：（1）不得危害网络安全；（2）不得利用网络从事危害国家安全、荣誉和利益；（3）不得煽动颠覆国家政权、推翻社会主义制度；（4）不得煽动分裂国家、破坏国家统一；（5）不得宣扬恐怖主义、极端主义；（6）不得宣扬民族仇恨、民族歧视；（7）不得传播暴力、淫秽色情信息；（8）不得编造、传播虚假信息扰乱经济秩序和社会秩序；（9）不得侵害他人名誉、隐私、知识产权和其他合法权益等。

互联网并非法外之地，任何人在互联网中的活动和言论均需遵守法律的规定，不得触碰法律的红线。

法律依据

《中华人民共和国网络安全法》

第十二条 国家保护公民、法人和其他组织依法使用网络的权利，促进网络接入普及，提升网络服务水平，为社会提供安全、便利的网络服务，保障网络信息依法有序自由流动。

任何个人和组织使用网络应当遵守宪法法律，遵守公共秩序，尊重社会公德，不得危害网络安全，不得利用网络从事危害国家安全、荣誉和利益，煽动颠覆国家政权、推翻社会主义制度，煽动分裂国家、破坏国家统一，宣扬恐怖主义、极端主义，宣扬民族仇恨、民族歧视，传播暴力、淫秽色情信息，编造、传播虚假信息扰乱经济秩序和社会秩序，以及侵害他人名誉、隐私、知识产权和其他合法权益等活动。

第十四条　任何个人和组织有权对危害网络安全的行为向网信、电信、公安等部门举报。收到举报的部门应当及时依法作出处理；不属于本部门职责的，应当及时移送有权处理的部门。

有关部门应当对举报人的相关信息予以保密，保护举报人的合法权益。

自媒体从业者发布互联网广告有什么注意事项?

以案释法

某网络科技公司在其运营的“延生堂”网络直播节目中，发布了推介某国药准字的何首乌片的广告，内容有：“没有其他药物能够跟它相提并论，此药专治各种老慢病，高血压、高血脂、心脏病、糖尿病以及并发症、卒中后遗症、颈椎病、风湿骨病、老慢支哮喘、泌尿系统疾病、女性妇科疾病、更年期综合征等，真的是治一个好一个，来一个拔根一个，3到7天我让你们看到非常明确的效果，整体的大修之后，我让你从里到外、从头到脚健健康康、结结实实，保证以后绝对不吃一片西药，稳定性非常好”等。

市场监督管理局经调查认为，当事人的行为违反了《广告法》规定，涉嫌构成利用广告代言人作推荐、证明和以介绍健康、养生知识等形式变相发布医疗、药品、医疗器械、保健食品广告，在医疗、药品、医疗器械广告中表示功效、安全性的断言或者保证的违法行为。根据违法情况，市场监督管理局决定没收网络科技公司广告费用，并处以广告费用1倍的罚款。

学法用法

互联网和自媒体经济的飞速发展，催生出了一大批以内容创作和输出为主要业态的自媒体企业和从业者。这些自媒体企业通过发布内容吸引大量的粉丝和流量，之后再利用自身的流量承接广告业务。随着自媒体和流量经济的发展，广告业务逐步成为自媒体从业者主要的收入来源之一。但随着自媒体广告业务的增加，各种虚假广告及违法广告也层出不穷，因违法代言广告被处罚的案例也逐年增多。

发布互联网广告有哪些注意事项，可能面临怎样的法律风险？这些已成为自媒体从业者从事广告业务时必须直面的问题。

根据我国《广告法》及《互联网广告管理暂行办法》的规定，对于互联网广告而言，已建立广告代言关系的广告代言人接受广告主、广告经营者的委托，通过自设网站或者拥有合法使用权的互联网媒介（包括各类自媒体、社交媒体）发布广告，一般认定其为该互联网广告的广告发布者。

对于广告经营活动而言，不论是广告经营者、发布者还是代言人，均需严格遵守《广告法》的规定，不得发布法律禁止的内容，主要包括：（1）使用或者变相使用中华人民共和国的国旗、国歌、国徽，军旗、军歌、军徽；（2）使用或者变相使用国家机关、国家机关工作人员的名义或者形象；（3）使用"国家级""最高级""最佳"等用语；（4）损害国家的尊严或者利益，泄露国家秘密；（5）妨碍社会安定，损害社会公共利益；（6）危害人身、财产安全，泄露个人隐私；（7）妨碍社会公共秩序或者违背社会良好风尚；（8）含有淫秽、色情、赌博、迷信、恐怖、暴力的内容；（9）含有民族、种族、宗教、性别歧视的内容；（10）妨碍环境、自然资源或者文化遗产保护；（11）法律、行政法规规定禁止的其他情形。

同时，对于医疗、药品、医疗器械、保健食品等广告，均不得含有表示功效、安全性的断言或者保证，与其他药品、保健食品等作比较，以及利用广告代言人作推荐、证明等内容。不论是广播电台、电视台、报刊音像出版单位等传统媒体，还是互联网信息服务提供者等新媒体、自媒体，均不得以介绍健康、养生知识等形式变相发布医疗、药品、医疗器械和保健食品广告。

在广告发布及互联网广告监管日趋严格的时代，对于自媒体从业者而言，在发布广告时，应注意与广告主订立书面合同，加强对所发布广告内容的审核，避免因广告内容违法而承担法律责任。

法律依据

《中华人民共和国广告法》

第十八条 保健食品广告不得含有下列内容：

（一）表示功效、安全性的断言或者保证；

（二）涉及疾病预防、治疗功能；

（三）声称或者暗示广告商品为保障健康所必需；

（四）与药品、其他保健食品进行比较；

（五）利用广告代言人作推荐、证明；

（六）法律、行政法规规定禁止的其他内容。

保健食品广告应当显著标明“本品不能代替药物”。

第十九条 广播电台、电视台、报刊音像出版单位、互联网信息服务提供者不得以介绍健康、养生知识等形式变相发布医疗、药品、医疗器械、保健食品广告。

对虚假广告的处罚有哪些？

以案释法

某文化传媒有限公司在自设网站发布培训广告，广告中对学员通过培训获得收益情况进行宣传，并含有“我们用最好的课程和最牛的工作培养最赚钱的自媒体人”“是国内最大最全的自媒体运营学院”以及“是国内首家一对一量身定制学习计划，内容一站式服务机构！”等无法证实的内容，以上内容违反了《广告法》规定，市场监督管理局对该公司作出行政处罚，责令其停止发布涉案违法广告，并处罚款。

学法用法

虚假广告是监管部门重点打击和整治的领域。近年来，随着互联网广告业务的蓬勃发展，监管部门对于互联网领域的虚假、违法广告的整治和打击力度也逐年增加。2016年7月4日，国家工商行政管理总局（现国家市场监督管理总局）发布《互联网广告管理暂行办法》，开展了多次互联网广告专项整治工作，并通过定时公布虚假违法广告典型案例的方式，进行广告规范的普法和宣传工作。

所谓虚假广告，是指以虚假或者引人误解的内容欺骗、误导消费者的广告。根据我国《广告法》的规定，虚假广告一般包含以下情形：（1）商品或者服务不存在的；（2）商品的性能、功能、产地、用途、质量、规格、成分、价格、生产者、有效期限、销售状况、曾获荣誉等信息，或者服务的内容、提供者、形式、质量、价格、销售状况、曾获荣誉等信息，以及与商品或者服务有关的允诺等信息与实际情况不符，对购买行为有实质性影响的；（3）使用虚构、伪造或者无法验证的科研成果、统计资料、调查结果、文摘、引用语等信息作证明材料的；（4）虚构使用商品或者接受服务的效果的；（5）以虚假或者引人误解的内容欺骗、误导消费者的其他情形。

本案中，该文化传媒公司在发布的广告中，存在大量“最好”“最牛”“最大最全”“最赚钱”“国内首家”等虚假宣传内容，构成以虚假或者引人误解的内容欺骗、误导消费者的虚假广告。

根据我国《广告法》的规定，发布虚假广告，可能要承担民事、行政乃至刑事等方面的法律责任。民事责任方面，发布虚假广告，欺骗、误导消费者，使购买商品或者接受服务的消费者的合法权益受到损害的，广告主、广告经营者、广告发布者均可能承担民事赔偿责任；行政责任方面，广告主、广告经营者、广告发布者将视不同情形，分别处以责令停止发布广告、责令消除影响、罚款乃至吊销营业执照、撤销广告审查批准文件、一定期限内不受理其广告审查申请等；刑事责任方面，广告主、广告经营者、广告发布者有法定行为，构成犯罪的，依法追究刑事责任。

法律依据

《中华人民共和国广告法》

第二十八条 广告以虚假或者引人误解的内容欺骗、误导消费者的，构成虚假广告。

广告有下列情形之一的，为虚假广告：

（一）商品或者服务不存在的；

（二）商品的性能、功能、产地、用途、质量、规格、成分、价格、生产者、有效期限、销售状况、曾获荣誉等信息，或者服务的内容、提供者、形式、质量、价格、销售状况、曾获荣誉等信息，以及与商品或者服务有关的允诺等信息与实际情况不符，对购买行为有实质性影响的；

（三）使用虚构、伪造或者无法验证的科研成果、统计资料、调查结果、文摘、引用语等信息作证明材料的；

（四）虚构使用商品或者接受服务的效果的；

（五）以虚假或者引人误解的内容欺骗、误导消费者的其他情形。

第五十五条　违反本法规定，发布虚假广告的，由市场监督管理部门责令停止发布广告，责令广告主在相应范围内消除影响，处广告费用三倍以上五倍以下的罚款，广告费用无法计算或者明显偏低的，处二十万元以上一百万元以下的罚款；两年内有三次以上违法行为或者有其他严重情节的，处广告费用五倍以上十倍以下的罚款，广告费用无法计算或者明显偏低的，处一百万元以上二百万元以下的罚款，可以吊销营业执照，并由广告审查机关撤销广告审查批准文件、一年内不受理其广告审查申请。

医疗机构有前款规定违法行为，情节严重的，除由市场监督管理部门依照本法处罚外，卫生行政部门可以吊销诊疗科目或者吊销医疗机构执业许可证。

广告经营者、广告发布者明知或者应知广告虚假仍设计、制作、代理、发布的，由市场监督管理部门没收广告费用，并处广告费用三倍以上五倍以下的罚款，广告费用无法计算或者明显偏低的，处二十万元以上一百万元以下的罚款；两年内有三次以上违法行为或者有其他严重情节的，处广告费用五倍以上十倍以下的罚款，广告费用无法计算或者明显偏低的，处一百万元以上二百万元以下的罚款，并可以由有关部门暂停广告发布业务、吊销营业执照。

广告主、广告经营者、广告发布者有本条第一款、第三款规定行为，构成犯罪的，依法追究刑事责任。

直播带货法律风险知多少？

以案释法

某医药公司为举办周年店庆，委托某科技公司制作了广告海报，并将海报张贴于下属药品零售门店，为网络直播活动做宣传。活动当天，医药公司通过直播平台进行网络直播。直播邀请男科医生、网红主播、电视主持人等作为嘉宾，采取现场布置道具、嘉宾和主持人互动的方式，对用于治疗性功能障碍的某处方药的功效、使用方法、有效率等进行介绍与宣传，并在言语互动中出现大量露骨内容。同时，该公司在直播过程中开展该处方药秒杀优惠销售活动。经统计该直播活动在线观看人数达15余万人。

市场监督管理部门经调查认为，当事人利用网络直播这一传播媒介对处方药进行推介、宣传、销售，符合《广告法》第2条对商业广告的定义。该广告不仅严重违反处方药广告发布规定，而且在直播活动中含有违背社会良好风尚等其他违法内容。医药公司与广告发布者某科技公司的行为违反了《广告法》的相关规定，市场监督管理部门对广告主作出责令停止发布违法广告，罚款的行政处罚；对广告发布者作出罚款的行政处罚。

学法用法

近年来，网购消费日趋升级，而在不同类型的网购消费中，直播购物无疑是最为火爆的购物消费方式之一，“直播+电商”成为一种新兴的网购引流方式，直播电商市场规模呈逐年增长趋势。在这一新的消费模式和趋势的引领下，越来越多的网红和电商平台投身于直播带货这一新兴领域。

但是，在直播带货发展势头强劲、风生水起的同时，越来越多的“直播翻车”也让广大消费者认识到直播带货中潜藏着的侵害消费者合法权益的购物风险。其中，以“主播夸大和虚假宣传、有不能说明商品特性的链接在直播间售卖”等为典型的问题，广受消费者诟病。这些现象也给广大主播及直播平台敲响了法律的警钟，让他们不得不重视直播带货可能面临的法律风险。

1. 主播的定性及法律风险。直播带货一般有两种模式，一种是自主带货，即主播以自己的形象，宣传、出售自己的商品。在这一模式下，主播作为店主，属于电子商务经营者。另一种是主播受商家委托销售货物，利用自己的流量、影响力进行宣传，并按照委托合同的约定收取提成。此种模式，属于我国《广告法》第2条规定的“广告代言人”，即广告主以外的，在广告中以自己的名义或者形象对商品、服务作推荐、证明的自然人、法人或者其他组织。

在主播本身作为电子商务经营者时，如主播存在违反我国《电子商务法》规定的行为，则可能面临由市场监督管理部门责令限期改正、没收违法所得及罚款等行政处罚的风险。主播在作为广告代言人时，存在我国《广告法》规定的禁止情形的，可能面临由市场监督管理部门没收违法所得以及罚款的风险。

2. 直播平台的定性及法律风险。在直播带货中，直播平台的法律定性也与直播带货的模式密切相关。在自主带货模式中，直播平台与主播一样都属于电子商务经营者。而在委托销售模式中，直播平台则可能成为广告发布者，即为广告主或者广告主委托的广告经营者发布广告的自然人、法人或者其他组织。

直播平台作为电子商务经营者，存在违法行为的，可能面临由市场监督管理部门责令限期改正、没收违法所得及罚款等行政处罚的风险。而直播平台作为广告发布者，则可能面临被主管部门没收广告费用、罚款乃至吊销营业执照、吊销广告发布登记证件等风险。

法律依据

《中华人民共和国广告法》

第二条 在中华人民共和国境内，商品经营者或者服务提供者通过一定媒介和形式直接或者间接地介绍自己所推销的商品或者服务的商业广告活动，适用本法。

本法所称广告主，是指为推销商品或者服务，自行或者委托他人设计、制作、发布广告的自然人、法人或者其他组织。

本法所称广告经营者，是指接受委托提供广告设计、制作、代理服务的自然人、法人或者其他组织。

本法所称广告发布者，是指为广告主或者广告主委托的广告经营者发布广告的自然人、法人或者其他组织。

本法所称广告代言人，是指广告主以外的，在广告中以自己的名义或者形象对商品、服务作推荐、证明的自然人、法人或者其他组织。

第五十八条 有下列行为之一的，由市场监督管理部门责令停止发布广告，责令广告主在相应范围内消除影响，处广告费用一倍以上三倍以下的罚款，广告费用无法计算或者明显偏低的，处十万元以上二十万元以下的罚款；情节严重的，处广告费用三倍以上五倍以下的罚款，广告费用无法计算或者明显偏低的，处二十万元以上一百万元以下的罚款，可以吊销营业执照，并由广告审查机关撤销广告审查批准文件、一年内不受理其广告审查申请：

（一）违反本法第十六条规定发布医疗、药品、医疗器械广告的；

（二）违反本法第十七条规定，在广告中涉及疾病治疗功能，以及使用医疗用语或者易使推销的商品与药品、医疗器械相混淆的用语的；

（三）违反本法第十八条规定发布保健食品广告的；

（四）违反本法第二十一条规定发布农药、兽药、饲料和饲料添加剂广告的；

（五）违反本法第二十三条规定发布酒类广告的；

（六）违反本法第二十四条规定发布教育、培训广告的；

（七）违反本法第二十五条规定发布招商等有投资回报预期的商品或者服务广告的；

（八）违反本法第二十六条规定发布房地产广告的；

（九）违反本法第二十七条规定发布农作物种子、林木种子、草种子、种畜禽、水产苗种和种养殖广告的；

（十）违反本法第三十八条第二款规定，利用不满十周岁的未成年人作为广告代言人的；

（十一）违反本法第三十八条第三款规定，利用自然人、法人或者其他组织作为广告代言人的；

（十二）违反本法第三十九条规定，在中小学校、幼儿园内或者利用与中小学生、幼儿有关的物品发布广告的；

（十三）违反本法第四十条第二款规定，发布针对不满十四周岁的未成年人的商品或者服务的广告的；

（十四）违反本法第四十六条规定，未经审查发布广告的。

医疗机构有前款规定违法行为，情节严重的，除由市场监督管理部门依照本法处罚外，卫生行政部门可以吊销诊疗科目或者吊销医疗机构执业许可证。

广告经营者、广告发布者明知或者应知有本条第一款规定违法行为仍设计、制作、代理、发布的，由市场监督管理部门没收广告费用，并处广告费用一倍以上三倍以下的罚款，广告费用无法计算或者明显偏低的，处十万元以上二十万元以下的罚款；情节严重的，处广告费用三倍以上五倍以下的罚款，广告费用无法计算或者明显偏低的，处二十万元以上一百万元以下的罚款，并可以由有关部门暂停广告发布业务、吊销营业执照。

《中华人民共和国电子商务法》

第九条第一款 本法所称电子商务经营者，是指通过互联网等信息网络从事销售商品或者提供服务的经营活动的自然人、法人和非法人组织，包括电子商务平台经营者、平台内经营者以及通过自建网站、其他网络服务销售商品或者提供服务的电子商务经营者。

直播“攻击”同行，是否违法？

以案释法

市场监督管理局接到甲公司举报，甲公司称其竞争对手乙公司法定代表人陈某在抖音平台发布诋毁甲公司的视频。甲公司称，乙公司通过抖音、天猫、微信小程序等电商平台销售原切牛排、葡萄酒等，依靠自媒体平台打造自己的IP做营销。陈某通过个人自媒体账号发布对牛排和红酒的各类点评，迅速拥有300万粉丝，成为“流量网红”。

经查，乙公司与举报人甲公司系同行竞争关系，为了在互联网上获得高关注度，其法定代表人陈某拍摄了一段点评合成牛排的短视频并发布到抖音平台。根据该视频中的特写画面显示，陈某所点评的合成牛排系举报人的商品，该牛排虽然含有酪蛋白酸钠、六偏磷酸钠、黄原胶、高粱红等添加剂，但符合国家相关标准，但陈某在该视频中使用了“您敢吃吗”“想让我家孩子得老年痴呆症吗”“要把儿童害死的牛排”等用语，损害了举报人的商业信誉和商品声誉。

市场监督管理局经调查认为，乙公司的行为违反了《反不正当竞争法》第11条“经营者不得编造、传播虚假信息或者误导性信息，损害竞争对手的商业信誉、商品声誉”的规定，构成了不正当竞争的行为。最终，市场监督管理局责令其停止违法行为、消除影响，并处以罚款。

学法用法

无论是自然人的名誉还是企业商誉，都依法受到法律保护。企业的商业信誉和商品声誉，是企业赖以生存和发展的重要资源，良好的商誉是经营者长期追求，并为之投入了一定的金钱、精力和时间才可以取得的，是一家企业极为宝贵的无形财富。我国法律尊重和保护企业的商誉，对于以不正当手段诋毁商誉的行为予以严厉打击。所谓诋毁商誉行为，一般是通过捏造、虚构事实，损害竞争对手的商业信誉、商品声誉，以打击竞争对手的行为。此类“攻击”竞争对手的行为，属于我国《反不正当竞争法》第11条规定的“损害竞争对手商业信誉、商品声誉”的行为。这一行为的构成需满足以下几个条件：

1.行为主体：经营者。所谓经营者，是指从事商品生产、经营或者提供服务的自然人、法人和非法人组织。如本案中，被处罚的当事人乙公司，即为法律意义上的参与市场活动的经营者。

2.行为对象及目的：损害竞争对手的商誉。诋毁行为应当是有针对性的特定竞争对手，可以是一个，也可以是多个。而其通过损害竞争对手的商誉或声誉，从而达到打击竞争对手的目的。如本案中的受害者即举报人甲公司，即为乙公司的竞争对手。

3.行为类型：诋毁商誉行为，即通过编造、传播虚假信息或者误导性信息，使消费者因不明真相而产生怀疑心理，降低竞争对手的市场评价，损害竞争对手商业信誉。

我国《反不正当竞争法》明确规定经营者不得编造、传播虚假信息或者误导性信息，损害竞争对手的商业信誉、商品声誉。如经营者损害竞争对手商业信誉、商品声誉的，可能面临被监督检查部门责令停止违法行为、消除影响，以及罚款等行政处罚的风险。

除此之外，如果在互联网上捏造并散布虚伪事实，损害他人的商业信誉、商品声誉，给他人造成重大损失或者有其他严重情节的，可能构成我国《刑法》第221条规定的损害商业信誉、商品声誉罪，将会面临2年以下有期徒刑或者拘役的刑事责任。

法律依据

《中华人民共和国反不正当竞争法》

第十一条　经营者不得编造、传播虚假信息或者误导性信息，损害竞争对手的商业信誉、商品声誉。

第二十三条　经营者违反本法第十一条规定损害竞争对手商业信誉、商品声誉的，由监督检查部门责令停止违法行为、消除影响，处十万元以上五十万元以下的罚款；情节严重的，处五十万元以上三百万元以下的罚款。

地铁内直播表演“精神病”，是表演自由吗？

以案释法

“警察同志！我刚刚搭乘13号线，车厢里有个男的疯魔乱舞，嘴里还一直脏话不断，也不知道在叫骂谁。”某地铁站内警察在巡逻时，一名乘客跑来反映了上述情况，据乘客回忆：“一开始大家以为这人疯了，都被吓到了，后来才发现男子身边有一个同行人，拿着手机在拍视频。”

民警随后在某直播平台上发现了现场视频，虽然只是拍摄，但视频中的男子手舞足蹈，大喊大叫，口吐脏话，给周围的乘客和车厢秩序带来了极为恶劣的影响。为此，沿线车站的警察加强了日常巡逻。4天后，警察在另一地铁站的站台上果然又发现了这名“疯狂主播”和他的“御用摄像师”。

二人事后承认，之所以在车厢里作出种种粗鲁行为，只因地铁里人流众多，便于在直播平台上吸引人气，没想到“人气”没吸到，倒是气到了他人，还把警察给吸来了。最终，二人因扰乱公共交通工具上的秩序被处以行政处罚。

学法用法

社会经济的发展和移动互联网的普及，带来了直播经济的繁荣，也催生了大量的直播平台与网红主播。在全民随时随地都可以借助手机、移动互联网进行直播的时代，各行各业的人们均将目光投向了这一广阔的市场，以期借助有趣、有价值或吸人眼球的内容，来吸引粉丝，增加流量，最终通过变现来获取经济利益。

但事物都有双面性，网络直播的繁荣发展，在带来经济效益以及为亿万民众带来新的休闲娱乐方式的同时，也产生了许多乱象，众多游走于道德及法律边缘，甚至突破道德及法律底线的违法违规的直播内容充斥其间，造成了网络直播领域良莠不齐的现状。如本案中，二人为吸引眼球，多次在人流众多的地铁中扮演“精神病”，造成了地铁乘客的恐慌，扰乱了公共秩序，依法受到了惩处。那么，在进行网络直播时，有哪些注意事项呢？

1. 直播内容不违法。直播内容违法违规一直是监管部门重点关注，也是直播平台及主播需重点关注的问题。在网络直播表演中，违法内容主要包括利用互联网直播服务从事危害国家安全、破坏社会稳定、扰乱社会秩序、侵犯他人合法权益、传播淫秽色情等法律法规禁止的活动，以及利用互联网直播服务制作、复制、发布、传播法律法规禁止的信息内容。

2. 直播内容不得违反公序良俗。我国法律明确规定了公序良俗的原则，所谓公序良俗，一般包括公共秩序和善良风俗。公序，即社会一般利益，包括国家利益、社会经济秩序和社会公共利益；良俗，即一般道德观念或良好道德风尚，包括社会公德、商业道德和社会良好风尚等。网络主播拥有法律许可范围内的直播与表演自由，但自由是有边界的，主播的直播自由既不能侵犯他人的合法权益，也不得违反社会的公序良俗。实践中大量的案例表明，游走于道德与法律边缘的直播行为，很可能被认定为是低俗甚至违法的行为，从而面临轻则封禁、重则行政处罚甚至刑事处罚的风险。

无论是直播平台不具备相应的资质，还是网络直播内容违法，均会面临主管部门或公安机关依照《治安管理处罚法》等相关法律法规予以行政处罚的情形，主要有取缔、责令限期改正、责令停止互联网文化活动、罚款、没收违法所得、责令停业整顿、吊销许可证、警告、行政拘留等。

法律依据

《互联网直播服务管理规定》

第九条 互联网直播服务提供者以及互联网直播服务使用者不得利用互联网直播服务从事危害国家安全、破坏社会稳定、扰乱社会秩序、侵犯他人合法权益、传播淫秽色情等法律法规禁止的活动，不得利用互联网直播服务制作、复制、发布、传播法律法规禁止的信息内容。

第十四条 互联网直播服务提供者应当对违反法律法规和服务协议的互联网直播服务使用者，视情采取警示、暂停发布、关闭账号等处置措施，及时消除违法违规直播信息内容，保存记录并向有关主管部门报告。

《互联网文化管理暂行规定》

第二十二条 非经营性互联网文化单位违反本规定第十条，逾期未办理备案手续的，由县级以上人民政府文化行政部门或者文化市场综合执法机构责令限期改正；拒不改正的，责令停止互联网文化活动，并处1000元以下罚款。

《中华人民共和国治安管理处罚法》

第二十三条 有下列行为之一的，处警告或者二百元以下罚款；情节较重的，处五日以上十日以下拘留，可以并处五百元以下罚款：

（一）扰乱机关、团体、企业、事业单位秩序，致使工作、生产、营业、医疗、教学、科研不能正常进行，尚未造成严重损失的；

（二）扰乱车站、港口、码头、机场、商场、公园、展览馆或者其他公共场所秩序的；

（三）扰乱公共汽车、电车、火车、船舶、航空器或者其他公共交通工具上的秩序的；

（四）非法拦截或者强登、扒乘机动车、船舶、航空器以及其他交通工具，影响交通工具正常行驶的；

（五）破坏依法进行的选举秩序的。

聚众实施前款行为的，对首要分子处十日以上十五日以下拘留，可以并处一千元以下罚款。

直播猎杀野生动物可能面临什么处罚？

以案释法

韦某某中专毕业后曾赴深圳打工，闲时喜欢上网。韦某某通过网络聊天结识自由职业人员陈某某，出于共同的兴趣爱好，他们萌生了合作制作一些类似野外生存训练的农村生活视频的想法，利用大家的猎奇心理“吸粉”，先赢取流量、点击率，待达到一定级别后即可利用自媒体平台广告分成赚取利润。

在未办理猎捕证等相关手续的情况下，韦某某擅自在其家附近的山林里猎杀野生动物并现场烹食。陈某某负责拍摄以及后期编辑制作微视频作品，以“某某小韦”的网名发布在多家网络媒体上。截至案发日，两人共制作上传“农村生活”视频22个，收获粉丝1531人，点击量达到10余万次，获利2000多元。经过调查取证，其中3个视频有足够证据证实韦某某非法猎捕、杀害野生动物草花蛇和水蛇的违法行为成立。

经调查，韦某某猎捕、杀害野生动物，并在互联网媒体发布记录违法行为的视频证据确凿，其行为违反了《野生动物保护法》的有关规定，在社会上造成了不良影响。林业局依法对韦某某下达《责令限期整改通知书》和《林业行政处罚决定书》，责令其停止非法猎捕野生动物行为，限期删除相关视频，并对其处以1000元罚款。

学法用法

网络直播的发展造就了一大批拥有大量粉丝的网红主播，也让众多普通网友试图在少有人涉猎的领域另辟蹊径，以期在日渐红火的直播市场中占据一席之地。在利益驱使下，越来越多的主播将目光投向了人迹罕至的野外。各种各样传授野外狩猎技巧、猎杀野生动物、烹杀野生动物等形式的“打野直播”涌入直播市场。殊不知，这些为博眼球将黑手伸向野生动物的直播行为已经涉嫌违法。那么，直播猎杀野生动物可能面临什么样的处罚呢？

根据我国《野生动物保护法》的规定，禁止猎捕、杀害国家重点保护野生动物，对于猎捕非国家重点保护野生动物的，也应当依法取得狩猎证，并按照狩猎证规定的种类、数量、地点、工具、方法和期限进行猎捕，不得使用毒药、爆炸物、电击或者电子诱捕装置等法律禁止的方式捕猎。

如主播违反法律规定，猎杀国家重点保护野生动物的，可能受到主管部门没收猎获物、猎捕工具和违法所得，吊销特许猎捕证以及罚款等行政处罚。如主播未取得狩猎证、未按照狩猎证规定猎捕非国家重点保护野生动物，或者使用禁用的工具、方法猎捕非国家重点保护野生动物的，可能面临主管部门没收猎获物、猎捕工具和违法所得，吊销狩猎证以及罚款等行政处罚。如猎杀野生动物情节严重构成犯罪的，将依法承担刑事责任。

同时，主播直播猎杀野生动物涉嫌违法的，直播平台也需要承担相应的责任。首先，直播平台应建立相应的内容审核制度和机制，加强对直播内容合法合规的审查力度；其次，作为直播平台，在发现或接到相关违法直播内容的投诉或反映后，应及时调查，对相关内容采取下架、禁播，对相关主播进行账号封禁等处理措施。如直播平台未履行相应的管理、审核职责，则可能面临被相关部门责令改正、罚款、停业整顿、吊销许可证等行政处罚，构成犯罪的，也将依法承担刑事责任。

法律依据

《中华人民共和国野生动物保护法》

第二十一条第一款 禁止猎捕、杀害国家重点保护野生动物。

第四十六条 违反本法第二十条、第二十二条、第二十三条第一款、第二十四条第一款规定，在相关自然保护区域、禁猎（渔）区、禁猎（渔）期猎捕非国家重点保护野生动物，未取得狩猎证、未按照狩猎证规定猎捕非国家重点保护野生动物，或者使用禁用的工具、方法猎捕非国家重点保护野生动物的，由县级以上地方人民政府野生动物保护主管部门或者有关保护区域管理机构按照职责分工没收猎获物、猎捕工具和违法所得，吊销狩猎证，并处猎获物价值一倍以上五倍以下的罚款；没有猎获物的，并处二千元以上一万元以下的罚款；构成犯罪的，依法追究刑事责任。

违反本法第二十三条第二款规定，未取得持枪证持枪猎捕野生动物，构成违反治安管理行为的，由公安机关依法给予治安管理处罚；构成犯罪的，依法追究刑事责任。

《互联网文化管理暂行规定》

第十六条 互联网文化单位不得提供载有以下内容的文化产品：

（一）反对宪法确定的基本原则的；

（二）危害国家统一、主权和领土完整的；

（三）泄露国家秘密、危害国家安全或者损害国家荣誉和利益的；

（四）煽动民族仇恨、民族歧视，破坏民族团结，或者侵害民族风俗、习惯的；

（五）宣扬邪教、迷信的；

（六）散布谣言，扰乱社会秩序，破坏社会稳定的；

（七）宣扬淫秽、赌博、暴力或者教唆犯罪的；

（八）侮辱或者诽谤他人，侵害他人合法权益的；

（九）危害社会公德或者民族优秀文化传统的；

（十）有法律、行政法规和国家规定禁止的其他内容的。

第二十八条　经营性互联网文化单位提供含有本规定第十六条禁止内容的互联网文化产品，或者提供未经文化部批准进口的互联网文化产品的，由县级以上人民政府文化行政部门或者文化市场综合执法机构责令停止提供，没收违法所得，并处10000元以上30000元以下罚款；情节严重的，责令停业整顿直至吊销《网络文化经营许可证》；构成犯罪的，依法追究刑事责任。

非经营性互联网文化单位，提供含有本规定第十六条禁止内容的互联网文化产品，或者提供未经文化部批准进口的互联网文化产品的，由县级以上人民政府文化行政部门或者文化市场综合执法机构责令停止提供，处1000元以下罚款；构成犯罪的，依法追究刑事责任。

直播间聚赌——对直播平台及主播涉赌的处罚有哪些？

以案释法

某网络科技有限公司、某信息科技有限公司、某科技有限公司等直播平台存在未经许可或超范围开展网络表演、部分主播涉嫌利用直播平台开展赌博等违法违规行为。网信办、公安、文化和旅游等部门依据《网络安全法》《互联网直播服务管理规定》《互联网文化管理暂行规定》等互联网法律法规，下架相关APP，分别对相关企业进行立案调查，予以相应行政处罚。

学法用法

随着网络直播的繁荣发展，直播行业的竞争也日趋激烈。在巨大经济利益的驱使以及行业竞争日益激烈的背景下，许多直播平台和网络主播开始将触角伸向赌博这一违法甚至是犯罪的领域，以期吸引更多用户和流量。近年来，文化和旅游部等主管部门查处了许多涉及网络赌博的直播平台及主播，而在被查处的平台中，无论是网友熟知的大型直播平台，还是知名度和人气相对较小的直播平台，都赫然在列。因此，许多大型直播平台采用封停、关闭涉赌主播账号等措施，对网络直播涉赌这一违法行为进行管理和规范。

当前网络赌博已衍生出诸如线下赌博网络化，基于体育竞技、福利彩票的结果等进行外围赌博，利用移动支付，以打赏中奖、竞猜等方式衍生出的新型赌博形式，以及利用休闲游戏以及虚拟货币等设立赌博骗局吸引玩家以牟利等形式。网络赌博屡禁不止，那么直播平台和主播涉赌可能面临怎样的处罚呢？

主播涉赌的，在法律上可能会被认定为参赌人员，除可能被直播平台禁播、封停账号外，如其参与赌博的次数和金额达到法定标准的，还可能面临被公安机关处以5日以上15日以下行政拘留及罚款的行政处罚。如网络主播以营利为目的，聚众赌博或以赌博为业，情节严重的可能构成赌博罪，将依法承担刑事责任，可能面临3年以下有期徒刑的刑事处罚。

对于直播平台而言，当其发现主播存在赌博等违法行为时，应当立即停止提供直播服务，保存有关记录，向主管部门报告。如直播平台未履行相应的职责和义务，则可能面临被执法机构责令停止提供直播服务，没收违法所得，罚款以及责令停业整顿直至吊销经营许可等行政处罚，相关责任人员可能面临公安机关予以罚款及拘留的行政处罚。如情节严重涉嫌开设赌场罪的，则需承担相应的刑事责任。

法律依据

《中华人民共和国治安管理处罚法》

第七十条　以营利为目的，为赌博提供条件的，或者参与赌博赌资较大的，处五日以下拘留或者五百元以下罚款；情节严重的，处十日以上十五日以下拘留，并处五百元以上三千元以下罚款。

《中华人民共和国网络安全法》

第四十六条　任何个人和组织应当对其使用网络的行为负责，不得设立用于实施诈骗，传授犯罪方法，制作或者销售违禁物品、管制物品等违法犯罪活动的网站、通讯群组，不得利用网络发布涉及实施诈骗，制作或者销售违禁物品、管制物品以及其他违法犯罪活动的信息。

第六十七条　违反本法第四十六条规定，设立用于实施违法犯罪活动的网站、通讯群组，或者利用网络发布涉及实施违法犯罪活动的信息，尚不构成犯罪的，由公安机关处五日以下拘留，可以并处一万元以上十万元以下罚款；情节较重的，处五日以上十五日以下拘留，可以并处五万元以上五十万元以下罚款。关闭用于实施违法犯罪活动的网站、通讯群组。

单位有前款行为的，由公安机关处十万元以上五十万元以下罚款，并对直接负责的主管人员和其他直接责任人员依照前款规定处罚。

《中华人民共和国刑法》

第三百零三条 以营利为目的，聚众赌博或者以赌博为业的，处三年以下有期徒刑、拘役或者管制，并处罚金。

开设赌场的，处五年以下有期徒刑、拘役或者管制，并处罚金；情节严重的，处五年以上十年以下有期徒刑，并处罚金。

组织中华人民共和国公民参与国（境）外赌博，数额巨大或者有其他严重情节的，依照前款的规定处罚。

真假“毒品”尝一口，行政处罚在招手——网络主播涉毒被罚

以案释法

某日，网安部门发现在某网络直播平台上，一名男性网络主播在直播中有“吸毒”行为。在当天的直播视频中可以看到，该主播连续两次做出了疑似吸毒的动作，大约两分半钟之后，他再次做出疑似吸毒的动作。事发后，公安机关迅速展开调查，将涉事网络主播黄某控制。据办案民警介绍，口头传唤黄某到派出所后，警方对他进行了一次尿检，证明他不是吸毒人员。

黄某称，在车上直播的内容是在自己当网约车司机拉乘客的间隙拍摄的。凌晨一点多，因为看到观看直播的观众少了，他脑子一热，拿了一张发票纸，做出了模仿吸毒的动作。网络直播中连续做出模仿吸毒的动作，带来了不良社会影响，违反了《治安管理处罚法》的规定，上海公安机关对黄某处以行政拘留5天。随后该主播在直播平台的直播账号被永久封禁。

学法用法

无论是线下还是网络平台，对于“黄赌毒”都必须坚定零容忍态度。我国法律法规及执法部门对于涉及“黄赌毒”的行为，始终秉持严厉打击、绝不姑息的态度。在网络直播如火如荼的今天，相关政府部门针对互联网信息传播、直播表演等出台了一系列的法律法规，监管部门也采取了大量的监管举措，通过专项整治行动等措施，封禁了一批又一批涉嫌违法违规的平台及账号。但总

有一些主播抱有侥幸心理，为博取关注、吸引粉丝而大打道德及法律的擦边球。

除本案中为吸引观众而表演假吸毒之外，在网络直播领域，还存在直播分享吸毒感受、介绍毒品性能，甚至亲自吸食毒品并进行网络直播的主播。而不论是出于何种目的，也不论是真吸毒还是假吸毒，均属于违法行为。

本案中“假吸毒”的直播行为，属于我国《治安管理处罚法》规定的其他扰乱公共秩序的行为，造成了不良的社会影响，可能面临被公安机关视情节予以警告、罚款以及拘留等行政处罚的风险。而真正吸食毒品并进行网络直播的，是《互联网文化管理暂行规定》以及《互联网直播服务管理规定》明令禁止直播的违法内容，涉事主播不仅会受到直播平台封禁、关停账号，删除直播内容等处置，还将面临公安机关予以罚款及拘留等行政处罚的风险；构成犯罪的，依法追究刑事责任。

对于直播平台而言，如其平台的主播存在“涉毒”等违法直播的行为，直播平台也要承担相应的法律责任。根据我国《互联网文化管理暂行规定》，宣扬赌博、涉毒等违法犯罪内容属于明令禁止的行为，如直播平台的直播中含有“涉毒”等违法甚至犯罪内容的，将会面临被文化执法部门责令停止提供直播服务，没收违法所得，并处1万元以上3万元以下罚款；如情节严重的，还可能被责令停业整顿直至吊销《网络文化经营许可证》；构成犯罪的，依法追究刑事责任。

互联网并非法外之地，作为拥有一定粉丝群体及网络影响力的主播，更应洁身自好，合法合规地开展直播活动，传播正能量。而那些忽视法律和道德底线的主播，必将承担法律后果。

法律依据

《中华人民共和国治安管理处罚法》

第七十二条 有下列行为之一的，处十日以上十五日以下拘留，可以并处二千元以下罚款；情节较轻的，处五日以下拘留或者五百元以下罚款：

（一）非法持有鸦片不满二百克、海洛因或者甲基苯丙胺不满十克或者其他少量毒品的；

（二）向他人提供毒品的；

（三）吸食、注射毒品的；

（四）胁迫、欺骗医务人员开具麻醉药品、精神药品的。

第七十三条　教唆、引诱、欺骗他人吸食、注射毒品的，处十日以上十五日以下拘留，并处五百元以上二千元以下罚款。

《互联网直播服务管理规定》

第十四条　互联网直播服务提供者应当对违反法律法规和服务协议的互联网直播服务使用者，视情采取警示、暂停发布、关闭账号等处置措施，及时消除违法违规直播信息内容，保存记录并向有关主管部门报告。

《互联网文化管理暂行规定》

第十六条　互联网文化单位不得提供载有以下内容的文化产品：

（一）反对宪法确定的基本原则的；

（二）危害国家统一、主权和领土完整的；

（三）泄露国家秘密、危害国家安全或者损害国家荣誉和利益的；

（四）煽动民族仇恨、民族歧视，破坏民族团结，或者侵害民族风俗、习惯的；

（五）宣扬邪教、迷信的；

（六）散布谣言，扰乱社会秩序，破坏社会稳定的；

（七）宣扬淫秽、赌博、暴力或者教唆犯罪的；

（八）侮辱或者诽谤他人，侵害他人合法权益的；

（九）危害社会公德或者民族优秀文化传统的；

（十）有法律、行政法规和国家规定禁止的其他内容的。

第二十八条 经营性互联网文化单位提供含有本规定第十六条禁止内容的互联网文化产品，或者提供未经文化部批准进口的互联网文化产品的，由县级以上人民政府文化行政部门或者文化市场综合执法机构责令停止提供，没收违法所得，并处10000元以上30000元以下罚款；情节严重的，责令停业整顿直至吊销《网络文化经营许可证》；构成犯罪的，依法追究刑事责任。

非经营性互联网文化单位，提供含有本规定第十六条禁止内容的互联网文化产品，或者提供未经文化部批准进口的互联网文化产品的，由县级以上人民政府文化行政部门或者文化市场综合执法机构责令停止提供，处1000元以下罚款；构成犯罪的，依法追究刑事责任。

直播荐股套路多，非法从业要不得——网红“股神”直播荐股被罚

以案释法

刘某了解到朋友石某正在从事荐股分成业务后，遂向其学习该业务。刘某学习了半个月有余。学成后，刘某招募了4名业务员（即刘某团队）在网络直播平台开展荐股分成业务。

刘某团队的销售人员在学习向客户营销时的基本话术和技巧后，通过在网络直播平台开通直播房间，成为“主播”“播主”“圈主”，以“股神”“大V”“老师”自居，号称拥有资深投资背景、神奇实战业绩，以“分享炒股技巧”“锁定牛股”“推荐黑马股”等吸引眼球，利用“高手指导”“大佬看盘”“名家谈股”等名目宣传诱导投资者充值购买“金币”“鲜花”等平台虚拟币或礼品，通过“直播订阅”“收费文章”“付费问答”等各种项目让投资者持续交费。

在客户同意进行荐股分成合作后，业务员通过客户提供的股票账户截图所显示的可操作资金规模大小，与客户约定分成比例。此后，业务员通过电话或微信通知客户在盘中实时买入某只股票，在几日内又通知客户在盘中实时卖出该股票。若客户盈利，业务员则要求客户将股票账户截图，并根据截图中的获利金额向李某银行账户转入荐股分成款，部分业务员先用自己的个人账户、支付宝或微信收取荐股分成款，再将代收的款项转入李某银行账户；若客户亏损，业务员也不会补偿客户损失，而是用一些理由和话术来安抚客

户。最终，刘某被证监会处以30万元罚款。

学法用法

近年来，随着移动互联网的发展，通过电视、广播等传统媒体进行“非法荐股”的情形已经大幅减少，但通过网络直播平台进行“非法荐股”的情形却逐渐增多。这些个人或机构通过微信、微博、抖音以及各大门户网站发布广告，将自己包装成为专业炒股的“老师”“股神”等，以各种广告和链接吸引人气，通过出售课程、书籍等手段诱导投资者，最终向投资者提供有偿的荐股服务，并收取高额的指导费用，或约定高比例的收益提成等。

根据我国法律的规定，投资咨询机构从事证券服务业务，必须经国务院证券监督管理机构和有关主管部门批准。网络直播荐股收费属于证券投资咨询活动，未经批准，任何机构和个人不得从事此类活动。在投资咨询机构从事证券服务业务的人员，也依法必须具备证券专业知识和从事证券业务或者证券服务业务2年以上经验。未取得主管部门的批准，或不具备证券投资咨询从业资格而在互联网直播平台从事股票推荐业务的，涉嫌非法从事证券投资咨询业务。根据我国《证券法》的相关规定，未经批准非法从事证券业务的，可能由主管部门予以取缔，警告，没收违法所得，并处以高额罚款等行政处罚。如本案中，刘某通过网络直播平台开展荐股分成业务的行为构成《证券法》第202条规定的非法经营证券业务的行为。

在此提醒各主播及直播平台，未取得证券投资咨询业务资格的，不得从事任何推荐股票、投资咨询等直播活动，否则将面临证券监管部门严厉的行政处罚。同时提醒广大投资者，进行证券投资或获取专业的证券投资建议，务必选择合法设立且取得相关业务资质的证券公司或咨询机构，切忌轻信互联网上未经核实的“股神”或机构，远离“非法荐股”陷阱。

法律依据

《中华人民共和国证券法》

第一百一十八条 设立证券公司，应当具备下列条件，并经国务院证券监督管理机构批准：

（一）有符合法律、行政法规规定的公司章程；

（二）主要股东及公司的实际控制人具有良好的财务状况和诚信记录，最近三年无重大违法违规记录；

（三）有符合本法规定的公司注册资本；

（四）董事、监事、高级管理人员、从业人员符合本法规定的条件；

（五）有完善的风险管理与内部控制制度；

（六）有合格的经营场所、业务设施和信息技术系统；

（七）法律、行政法规和经国务院批准的国务院证券监督管理机构规定的其他条件。

未经国务院证券监督管理机构批准，任何单位和个人不得以证券公司名义开展证券业务活动。

第一百六十条第二款 从事证券投资咨询服务业务，应当经国务院证券监督管理机构核准；未经核准，不得为证券的交易及相关活动提供服务。从事其他证券服务业务，应当报国务院证券监督管理机构和国务院有关主管部门备案。

第二百零二条 违反本法第一百一十八条、第一百二十条第一款、第四款的规定，擅自设立证券公司、非法经营证券业务或者未经批准以证券公司名义开展证券业务活动的，责令改正，没收违法所得，并处以违法所得一倍以上十倍以下的罚款；没有违法所得或者违法所得不足一百万元的，处以一百万元以上一千万元以下的罚款。对直接负责的主管人员和其他直接责任人员给予警告，并处以二十万元以上二百万元以下的罚款。对擅自设立的证券公司，由国务院证券监督管理机构予以取缔。

证券公司违反本法第一百二十条第五款规定提供证券融资融券服务的，没收违法所得，并处以融资融券等值以下的罚款；情节严重的，禁止其在一定期限内从事证券融资融券业务。对直接负责的主管人员和其他直接责任人员给予警告，并处以二十万元以上二百万元以下的罚款。

造谣一张嘴，辟谣跑断腿——网红散播谣言被罚

以案释法

5月7日下午，公安局民警在日常工作中发现，某论坛上一位网友发布了一条关于5月6日晚某街道有人被砍伤的热帖，里面还配有人被砍伤后的照片以及民警出警的照片。此帖一经发布，立刻引起了网友们的关注，短短半天时间，阅读和评论人数众多。当天下午，警方立即针对帖文的内容进行调查核实。

经过初步调查，警方证实，5月6日晚，派出所、特警大队根据前期掌握的线索，对一家浴场进行突击检查，并当场查获涉嫌卖淫嫖娼的鲍某和邓某，以及为违法活动通风报信的余某和涉嫌容留卖淫的浴场负责人李某等人。经警方连夜调查核实后，该案中5名违法嫌疑人已被治安拘留，浴场负责人李某被刑事拘留。而帖子中上传的其中一张图片正是警方在现场控制并带离嫌疑人时的照片。

为了调查真相，警方将发帖人翁某传唤至派出所进行调查。据翁某交代，5月6日晚，翁某下班后外出，路过涉事的娱乐场所时，看到有很多民警和警车聚集在门口，而且围观的市民较多。离开前，翁某用手机拍了现场外围的一张照片并上传到某论坛上。5月7日上午，翁某听说前一天晚上有人被砍伤了，在未经核实的情况下，便将之前朋友转发的那张人被砍伤后的照片上传到5月6日晚所发的帖子中。之后，翁某所发的帖子引起了网民的广泛关注，为了加强互动，翁某还在整个帖子下面的评论中挑了几个回复道："昨晚11

点又砍了一个。”据翁某交代，自己这样做是想让自己所发的帖子被更多人关注，就有机会让自己发出的帖子置顶，并获得该论坛提供的话费奖励。最终，翁某被公安局依法处以行政拘留10天的处罚。

学法用法

互联网的飞速发展极大地拓展了人们获取信息的深度和广度，也大大加快了信息共享和传递的速度，真正实现“秀才不出门，便知天下事”。但海量信息充斥，导致网络上的信息良莠不齐，各类信息泥沙俱下，使得普通网友往往很难甄别许多信息的真伪。这样的环境无疑成为网络谣言滋生的沃土。

在人人都是自媒体的时代，许多人或是出于吸引眼球博取关注以求快速出位，或是出于唯恐天下不乱、蓄意制造恐慌，或是单单出于发泄个人仇恨、情绪，成为各种网络谣言的制造者，而更多不明真相的“吃瓜群众”，则无意中成为网络谣言的推手和传播者。互联网虽为虚拟世界，却与现实社会有着非常紧密的联系。而很多网络谣言的传播，最终会对现实社会中的某些人或社会环境产生非常重大的影响。

如本案中，翁某在网上散布“砍人”的谣言，引起了网友的广泛关注，造成了民众的恐慌，客观上扰乱了网络空间及社会的公共秩序，最终被处以行政拘留的处罚。

造谣一张嘴，辟谣跑断腿。造谣的成本非常低，而对于谣言的调查核实以及辟谣则需要投入相当的人力物力财力精力，造谣不仅会带来恶劣的社会影响，还会在客观上造成警力资源等的浪费。虽然执法部门对于网络谣言的治理和打击力度始终很大，但在互联网上还是时不时会看到各种各样的谣言，如经常出现的某地所谓的汛情、灾情等各种谣言。

对于网络谣言的管理及造谣者的法律责任，我国法律法规均有明确规定。

对于造谣者而言，根据我国《治安管理处罚法》明确规定，散布谣言，谎报险情、疫情、警情或者以其他方法故意扰乱公共秩序的，处5日以上10日以下拘留，可以并处500元以下罚款；情节较轻的，处5日以下拘留或者500元以下罚款。同时，对于制造、传播网络谣言的，互联网信息服务平台提供者有权立即停止传输，对相关账号予以封禁、关停等。

对于网络平台而言，如未能对网络谣言采取适当的管理措施，则可能面临主管机关予以责令停业整顿直至吊销经营许可证，责令暂时关闭网站直至关闭网站以及罚款等行政处罚。

当然，无论是造谣者还是网络平台，如编造虚假灾情、警情等在网络或其他媒体上传播，或明知虚假信息，故意在信息网络或其他媒体上传播，严重扰乱社会秩序，情节严重构成刑事犯罪的，还将承担相应的刑事责任。

法律依据

《中华人民共和国治安管理处罚法》

第二十五条　有下列行为之一的，处五日以上十日以下拘留，可以并处五百元以下罚款；情节较轻的，处五日以下拘留或者五百元以下罚款：

（一）散布谣言，谎报险情、疫情、警情或者以其他方法故意扰乱公共秩序的；

（二）投放虚假的爆炸性、毒害性、放射性、腐蚀性物质或者传染病病原体等危险物质扰乱公共秩序的；

（三）扬言实施放火、爆炸、投放危险物质扰乱公共秩序的。

《互联网信息服务管理办法》

第二十条　制作、复制、发布、传播本办法第十五条所列内容之一的信息，构成犯罪的，依法追究刑事责任；尚不构成犯罪的，由公安机关、国家安全机关依照《中华人民共和国治安管理处罚法》、《计算机信息网络国际联网安全保护管理办法》等有关法律、行政法规的规定予以处罚；对经营性互联网信息服务提供者，并由发证机关责令停业整顿直至吊销经营许可证，通知企业登记机关；对非经营性互联网信息服务提供者，并由备案机关责令暂时关闭网站直至关闭网站。

《中华人民共和国刑法》

第二百九十一条之一第二款 编造虚假的险情、疫情、灾情、警情，在信息网络或者其他媒体上传播，或者明知是上述虚假信息，故意在信息网络或者其他媒体上传播，严重扰乱社会秩序的，处三年以下有期徒刑、拘役或者管制；造成严重后果的，处三年以上七年以下有期徒刑。

未经核实发布虚假金融市场资讯，自媒体大V能否免责？

以案释法

某日，曹某收到他人发来的PDF文档《××年金融机构会议纪要》(以下简称《会议纪要》)。之后，曹某将《会议纪要》予以改编，撰写并发布了标题为《某机构在证监会开闭门会》的公号文章。

经查证，《会议纪要》所指会议实为某研究院邀请相关金融机构及房地产企业召开的常规会议，已连续举办七期，并非在证监会召开或由证监会组织召开的会议。会后，会议主办方整理形成内部会议纪要定向发放给参会企业。曹某作为传播媒介从业人员，在无权威、官方信息来源、也未对《会议纪要》相关事项进行核实的情况下，在其文章中将会议描述为金融机构和房企在证监会召开的闭门会议，隐去《会议纪要》中“本次会议为各大金融机构与中国某研究院就房地产信贷策略开展交流探讨的常规会议，已连续举办七期”关键信息，编造、传播了金融机构和房企在证监会开闭门会的虚假信息。会议主办方曾与之联系并要求删除文章，曹某未予理会。

曹某通过微信公众号发布上述文章后，产生了严重的社会影响和市场影响。截至文章被删除，文章累计阅读人数、阅读次数及转发次数均过万，文章内容被各大媒体的主要门户网站广泛转载。文章发布第二日，房地产板块指数涨幅超过2.6%，显著高于当日上证指数0.53%的涨幅和深证成指1.44%的涨幅。最终，证监会对曹某作出责令改正，并处以罚款的处罚决定。

学法用法

自媒体作为一种新型的信息传播媒介，让普通大众都可以通过网络等途径向外发布各种信息和新闻。作为一种个人管理、个人负责的信息发布媒介，自媒体有着私人化、平民化、普泛化、自主化的特点。这些特点既带来了自媒体信息发布的及时性和便捷性，也降低了自媒体发布的信息的准确性和权威性。

对于信息发布者而言，无论是传统媒体还是自媒体，都不能违反法律的底线。近年来，自媒体人为博取眼球和关注，使用“标题党”，或者编造、传播虚假信息的案例时有发生。这一方面反映出我国自媒体信息发布审核机制尚待完善，另一方面也反映出自媒体人的专业和法律素质有待提高。而金融证券市场对于相关信息和资讯反应的灵敏度极高，这也要求金融证券市场的资讯、信息必须准确、权威。

根据我国法律的规定，严厉禁止传播媒介从业人员及行业有关人员编造、传播虚假信息，扰乱证券市场的行为，而对于编造、传播虚假证券市场信息的人员，监管部门的处罚力度也是丝毫不弱的。本案中，曹某的行为违反了《证券法》第56条的规定，构成《证券法》第193条所述扰乱证券市场的行为。根据当事人违法行为的事实、性质、情节与社会危害程度，当事人被处以20万元罚款，这显示了监管部门对于虚假信息零容忍的态度，也对自媒体人编造、传播虚假信息的行为敲响了警钟。同时也提醒广大从业者和投资者，对于金融证券市场的信息资讯，应以权威媒体或官方消息为准，以避免投资损失，规避法律风险。

法律依据

《中华人民共和国证券法》

第五十六条 禁止任何单位和个人编造、传播虚假信息或者误导性信息，扰乱证券市场。

禁止证券交易场所、证券公司、证券登记结算机构、证券服务机构及其从业人员，证券业协会、证券监督管理机构及其工作人员，在证券交易活动中作出虚假陈述或者信息误导。

各种传播媒介传播证券市场信息必须真实、客观，禁止误导。传播媒介及其从事证券市场信息报道的工作人员不得从事与其工作职责发生利益冲突的证券买卖。

编造、传播虚假信息或者误导性信息，扰乱证券市场，给投资者造成损失的，应当依法承担赔偿责任。

第一百九十三条　违反本法第五十六条第一款、第三款的规定，编造、传播虚假信息或者误导性信息，扰乱证券市场的，没收违法所得，并处以违法所得一倍以上十倍以下的罚款；没有违法所得或者违法所得不足二十万元的，处以二十万元以上二百万元以下的罚款。

违反本法第五十六条第二款的规定，在证券交易活动中作出虚假陈述或者信息误导的，责令改正，处以二十万元以上二百万元以下的罚款；属于国家工作人员的，还应当依法给予处分。

传播媒介及其从事证券市场信息报道的工作人员违反本法第五十六条第三款的规定，从事与其工作职责发生利益冲突的证券买卖的，没收违法所得，并处以买卖证券等值以下的罚款。

网络直播需守法，不良内容要被罚——网红发布恐吓、辱骂等极端不良内容被拘

以案释法

王某波在某视频直播平台注册账号开始直播，并花费万余元在家中布置了直播间，购买了直播设备等，拥有粉丝1.2万人，为当地网红主播。王某波在直播时，与网民王某伟发生语言争执，然后数次在直播中互相辱骂等。王某波为恐吓王某伟，在直播中多次提到家里有枪等言语，并穿着仿制警服直播。因王某波经常视频直播，引起丈夫刘某不满，二人多次在王某波直播过程中争吵辱骂并发布恐吓言论。随后公安局网安支队民警接到多名网民举报称：某视频直播平台网红主播“××第一猛女”，在直播过程中，数次发布辱骂、恐吓、有枪等极端不良内容，并曾穿着仿制警服直播。

公安局网安支队立即开展调查并将相关信息上报市局新闻中心。随后公安局将涉案人员王某波、刘某夫妻二人抓获。根据《治安管理处罚法》第26条，涉事人王某波因涉嫌寻衅滋事被处以行政拘留7日，其丈夫刘某因涉嫌寻衅滋事被行政拘留5日。

学法用法

随着互联网直播的蓬勃发展，各种与直播平台以及网络主播密切相关的问题也随之暴露在公众视野之中。为此，国家出台了大量法律法规，用以加强对互联网直播及视听表演服务等的监管和规范力度。

根据我国《网络安全法》第12条的规定，任何个人和组织使用网络应当遵守宪法法律，遵守公共秩序，尊重社会公德，不得利用网络编造、传播虚假信息扰乱经济秩序和社会秩序，以及侵害他人名誉、隐私、知识产权和其他合法权益等活动。而针对网络直播，我国《互联网直播服务管理规定》第9条规定，互联网直播服务使用者不得利用互联网直播服务从事破坏社会稳定、扰乱社会秩序、侵犯他人合法权益等法律法规禁止的活动，不得利用互联网直播服务制作、复制、发布、传播法律法规禁止的信息内容。

本案中，涉事主播在直播时多次发布辱骂、恐吓、有枪等极端不良内容，造成了恶劣的影响，构成《治安管理处罚法》规定的寻衅滋事行为，因而被处以行政拘留。不论在现实生活中，还是在互联网上，随意辱骂、恐吓他人均属于违法行为。而作为网络主播及直播平台，对于此类行为的法律风险和责任是不可不知的。根据我国法律的规定，在互联网中有侮辱、诽谤或恐吓等侵犯他人合法权益的行为时，侵权人可能承担以下三个方面的法律责任：

1.民事责任。根据我国《民法典》的规定，以侮辱、诽谤等方式攻击他人的，属于侵害他人名誉权的行为，受害人有权依法请求行为人承担停止侵害、赔礼道歉、赔偿损失等民事责任。

2.行政责任。根据我国《治安管理处罚法》的规定，随意辱骂、恐吓他人，如被公安机关认定构成寻衅滋事的，可能面临罚款、行政拘留等行政处罚。此外，还可能面临被主管部门责令关停以及列入黑名单或警示名单的处罚。

3.刑事责任。根据我国《刑法》的规定，以暴力或者其他方法公然侮辱他人或者捏造事实诽谤他人，情节严重的，根据不同行为及情节，可能构成犯罪，需依法承担刑事责任。

法律依据

《中华人民共和国治安管理处罚法》

第二十六条 有下列行为之一的，处五日以上十日以下拘留，可以并处五百元以下罚款；情节较重的，处十日以上十五日以下拘留，可以并处一千元以下罚款：

（一）结伙斗殴的；

（二）追逐、拦截他人的；

（三）强拿硬要或者任意损毁、占用公私财物的；

（四）其他寻衅滋事行为。

网红主播及直播平台有哪些税务风险？

以案释法

税务工作人员发现，某直播平台的业务规模与其纳税比重差别很大。经调查，主播获得各种礼物的打赏后，再兑换成虚拟货币，通过支付宝提现，在兑换过程中，直播平台按一定比例收取提成。但这家企业自成立以来确认的所有收入，均未包括支付给网络主播的个人分成收入，也未给主播代扣代缴个人所得税。最终，该直播平台依法补缴了之前未按规定代扣代缴的个人所得税款。税务机关表示，网红名人的收入不仅包括打赏收入，还有广告收入、线下商演收入等，今后将多方监控收入来源，确定网红名人个人所得税扣缴基数。

学法用法

依法纳税是公民的基本义务，无论是企业还是个人，在我国境内取得的收入，均需依法纳税。而对于发展火爆的网络直播行业而言，其众所周知的“高收入”，可能面临的税务风险，更是不可不知。

在目前的互联网主播行业中，主播的收入主要包括平台发放的底薪、打赏分成、平台奖励以及其他副业所得。根据我国《个人所得税法》的规定，我国实施综合与分类相结合的税收体系，居民个人的工资薪金、劳务报酬、稿酬、经营所得、偶然所得等均需依法缴纳个人所得税。主播获得的额外奖励属于偶然所得，适用20%的比例税率，除此之外，其他均属于工资薪金或劳务报酬，均适用3%至45%的七级超额累进税率。

主播与直播平台在不同的法律关系下，直播平台是否承担代扣代缴义务也是不同的，具体如下：

1. 如主播与平台成立劳动关系，则主播所得的底薪、打赏分成等都属于工资、薪金所得，适用3%至45%的超额累进税率，由直播平台作为扣缴义务人，代扣代缴个人所得税。

2. 如主播与平台成立劳务关系，则主播所得的底薪、打赏分成等属于劳务报酬所得，由直播平台作为扣缴义务人预扣预缴税款，后办理年度汇算清缴。

3. 如主播与平台为合作关系，即主播成立了诸如个人工作室之类的法律主体，并以工作室的名义与直播平台签约直播，则在工作室与平台之间成立合作关系，此时主播所得收入属经营所得，其应以工作室的名义自行申报纳税。

如主播未按照法律规定依法纳税，或直播平台未依法履行代扣代缴义务，则主播和平台均需承担相应的法律责任。

对主播而言，其作为纳税人在规定期限内不缴或者少缴应纳或者应解缴的税款，经税务机关责令限期缴纳，逾期仍未缴纳的，税务机关除依照《税收征收管理法》第40条的规定采取强制执行措施追缴其不缴或者少缴的税款外，可以处不缴或者少缴的税款50%以上5倍以下的罚款。

对直播平台而言，其作为扣缴义务人应扣未扣、应收而不收税款的，由税务机关向纳税人追缴税款，对扣缴义务人处应扣未扣、应收未收税款50%以上3倍以下的罚款。

法律依据

《中华人民共和国个人所得税法》

第二条 下列各项个人所得，应当缴纳个人所得税：

（一）工资、薪金所得；

（二）劳务报酬所得；

（三）稿酬所得；

（四）特许权使用费所得；

（五）经营所得；

（六）利息、股息、红利所得；

（七）财产租赁所得；

（八）财产转让所得；

（九）偶然所得。

居民个人取得前款第一项至第四项所得（以下称综合所得），按纳税年度合并计算个人所得税；非居民个人取得前款第一项至第四项所得，按月或者按次分项计算个人所得税。纳税人取得前款第五项至第九项所得，依照本法规定分别计算个人所得税。

第三条　个人所得税的税率：

（一）综合所得，适用百分之三至百分之四十五的超额累进税率（税率表附后）；

（二）经营所得，适用百分之五至百分之三十五的超额累进税率（税率表附后）；

（三）利息、股息、红利所得，财产租赁所得，财产转让所得和偶然所得，适用比例税率，税率为百分之二十。

《中华人民共和国税收征收管理法》

第六十八条　纳税人、扣缴义务人在规定期限内不缴或者少缴应纳或者应解缴的税款，经税务机关责令限期缴纳，逾期仍未缴纳的，税务机关除依照本法第四十条的规定采取强制执行措施追缴其不缴或者少缴的税款外，可以处不缴或者少缴的税款百分之五十以上五倍以下的罚款。

第六十九条　扣缴义务人应扣未扣、应收而不收税款的，由税务机关向纳税人追缴税款，对扣缴义务人处应扣未扣、应收未收税款百分之五十以上三倍以下的罚款。

CHAPTER VI

第六章

刑事犯罪

为获打赏直播淫秽表演，身陷囹圄方叹悔不当初——传播淫秽物品牟利罪

以案释法

瑶瑶应聘到某直播平台从事色情直播表演。虽然刚开始瑶瑶觉得不好意思，但在“高额”收益的驱使下，瑶瑶开始逐渐适应。一天，瑶瑶正在直播的时候，一位常客点名要看特殊表演，还给瑶瑶包了个大红包。考虑到当时的几个人都是她的VIP，于是瑶瑶便给他们建群表演。

本以为事情已经过去了，没想到有人把视频截图发到网上，一时间，瑶瑶成了网络风暴的中心。这段女主播特殊表演的视频在网上热传，引发全国热议，造成了恶劣影响。

案发后，女主播瑶瑶被公安局依法刑事拘留，随后被检察院依法批准逮捕。经依法查明，瑶瑶系某直播平台女主播，其在直播平台从事淫秽直播累计获得价值3万余元的平台钻石币；同时，其将直播平台上结识的用户邀请加入自己组建的聊天群进行淫秽直播，非法获利2.9万余元，案涉淫秽视频即是其聊天群直播被录屏流传到网上。

法院经过审理认为，被告人以牟利为目的，传播淫秽物品，应当以传播淫秽物品牟利罪追究刑事责任。经审理，法院对检察院指控的犯罪事实均予以认定，综合考虑被告人的犯罪事实、情节、社会危害性以及认罪悔罪等因素，法院对瑶瑶以传播淫秽物品牟利罪判处有期徒刑并处罚金。

学法用法

近年来，随着互联网技术的飞速发展，网络直播的发展也呈百花齐放之势。但在巨大经济利益的驱使之下，许多网络主播及直播平台为吸引眼球、攫取利益，在直播中充斥着大量的淫秽色情等低俗内容，不仅给直播行业的健康发展造成了恶劣影响，也对整个网络环境乃至社会环境造成了不良的影响。我国对于网络涉黄等严重违法犯罪行为始终秉持严厉打击的态度，而网络直播涉黄，更是法律严厉禁止和打击的领域之一。在众多的“扫黄打非”案例中，网络主播与直播平台均可能涉嫌不同的刑事犯罪：

1.传播淫秽物品牟利罪

根据我国《刑法》第363条的规定，以牟利为目的，制作、复制、出版、贩卖、传播淫秽物品的，构成传播淫秽物品牟利罪。就本案而言，相关网络主播利用网络直播平台传播淫秽视频，牟取非法利益，均以传播淫秽物品牟利罪定罪处罚；而相关的网络平台，明知他人利用网络传播淫秽视频，牟取非法利益，而为其提供网络账号，为其犯罪提供帮助，构成共同犯罪。

2.传播淫秽物品罪

根据我国《刑法》第364条的规定，虽不以牟利为目的，传播淫秽的书刊、影片、音像、图片或者其他淫秽物品，情节严重的，构成传播淫秽物品罪。而在网络直播领域，主播为吸引粉丝或博取关注，通过组建直播房间、群组等方式，向关注者传播淫秽视频等物品的，应以传播淫秽物品罪追究刑事责任，而相关的平台管理者也可能被认定为共犯而追究刑事责任。

3.组织淫秽表演罪

根据我国《刑法》第365条的规定，组织进行淫秽表演的，构成组织淫秽表演罪。而在网络直播领域，相关的网络直播平台的管理者或从业者，通过招募淫秽表演主播及组织主播在网络直播平台进行淫秽表演的方式牟利，或者在相关淫秽表演犯罪中策划、指挥、安排淫秽表演的行为，均构成组织淫秽表演罪。

法律依据

《中华人民共和国刑法》

第三百六十三条第一款　以牟利为目的，制作、复制、出版、贩卖、传播淫秽物品的，处三年以下有期徒刑、拘役或者管制，并处罚金；情节严重的，处三年以上十年以下有期徒刑，并处罚金；情节特别严重的，处十年以上有期徒刑或者无期徒刑，并处罚金或者没收财产。

第三百六十四条第一款　传播淫秽的书刊、影片、音像、图片或者其他淫秽物品，情节严重的，处二年以下有期徒刑、拘役或者管制。

第三百六十五条　组织进行淫秽表演的，处三年以下有期徒刑、拘役或者管制，并处罚金；情节严重的，处三年以上十年以下有期徒刑，并处罚金。

快速涨粉一时爽，财物被盗泪两行——盗窃罪

以案释法

老王是某直播平台的忠实用户，平日里喜欢看直播，看见网上带货很火，他也开通了直播间，想在网上挣点钱，但苦于粉丝少，流量低，直播一直不见起色。

某日，老王在家中看直播时，突然收到一条私信："提供快速涨粉、增流量服务。"这让他瞬间来了兴趣，没多想，随手加了对方为好友。陈某自称是运营团队工作人员，与直播平台有合作，主要负责带新人，可以帮助老王提升活跃度、涨粉等，但要收取5%的提成。涨粉心切的老王很快表明了合作意向，希望借此开启"网红"之路。

"提升流量需要登录账号。"按照陈某要求，老王将账号、验证码告诉了对方。就在他满心期待结果时，突然察觉出了不对劲——粉丝量非但没增加，账户里充值的钱也被悄悄转走了。老王这才意识到自己被骗了。此时，他再次登录自己的账号，里面与陈某的聊天记录、账单也统统被删得一干二净。这位"运营达人"神秘消失了……

经查，陈某多次利用相同手段，以提升流量为由，先后骗取多人的账号和验证码，登录后秘密将受害人账户里的钱款提现至自己的账户。

法院经审理认为，被告人陈某以非法占有为目的，多次秘密盗窃他人财物，数额较大，其行为已构成盗窃罪。

学法用法

在直播爆火、流量为王的互联网时代，当众人将目光投向网络直播领域的同时，犯罪分子也向这一领域伸出了他们罪恶的触手。对于网络直播而言，粉丝和流量是至关重要的，这也是许多人称网络直播为流量经济、粉丝经济的重要原因。

为了更快更有效地获取粉丝，各大平台的主播们无不“八仙过海、各显神通”。有的在内容创新上下功夫，有的在营销推广上动脑子，还有的在平台合作中求突破。当然也有急功近利，只想快速坐享“网红”福利的主播，而这也给犯罪分子留下了可乘之机。

如本案中，陈某就是利用了老王涨粉心切的弱点，谎称自己可以帮助老王快速涨粉、吸引流量，从而获取了老王的账号、密码、验证码等，将老王账户中充值的钱洗劫一空。陈某多次得逞，正是因为涨粉心切的“老王们”有很多。

我国《刑法》规定，盗窃公私财物，数额较大的，或者多次盗窃、入户盗窃、携带凶器盗窃、扒窃的，构成盗窃罪。同时也规定，以牟利为目的，盗接他人通信线路、复制他人电信码号或者明知是盗接、复制的电信设备、设施而使用的，依照盗窃罪定罪处罚。

陈某多次利用相同手段，骗取他人账号登录后，将他人充值的金额盗走，只要累计金额达到1000至3000元以上，就属于《刑法》规定的“数额较大”，需要承担相应的刑事责任。

此外，在网络直播领域，除了骗取账号，盗取他人充值金额的盗窃犯罪之外，还存在其他类型的盗窃犯罪。如某直播软件因系统漏洞，无法有效识别个别用户的虚假充值行为，在个别用户虚假充值后，还是将相应的金额“充值”至用户的账号，而利用这个系统漏洞以疯狂虚假充值方式来“赚钱”

的行为，也构成盗窃罪。

互联网的发展、技术的进步，在为日常生活带来极大便利的同时，也被别有用心之人滥用，做违法犯罪之事。在社交媒体、网络直播高速发展的今天，一方面要遵纪守法，不抱有任何侥幸心理，另一方面也要提高自己的隐私保护和法律意识，切不可将自己的账号、密码、验证码等信息随意告知他人，以免造成不必要的经济损失。

法律依据

《中华人民共和国刑法》

第二百六十四条 盗窃公私财物，数额较大的，或者多次盗窃、入户盗窃、携带凶器盗窃、扒窃的，处三年以下有期徒刑、拘役或者管制，并处或者单处罚金；数额巨大或者有其他严重情节的，处三年以上十年以下有期徒刑，并处罚金；数额特别巨大或者有其他特别严重情节的，处十年以上有期徒刑或者无期徒刑，并处罚金或者没收财产。

第二百六十五条 以牟利为目的，盗接他人通信线路、复制他人电信码号或者明知是盗接、复制的电信设备、设施而使用的，依照本法第二百六十四条的规定定罪处罚。

“美女主播”爱上你，投资创业是骗局——诈骗罪

以案释法

陈某是一家公司的老板，他见年轻人喜欢玩直播，也在某直播平台上注册了账号。陈某在某直播平台结识了一名“美女主播”，并互加了微信。在长达3年的时间里，陈某与“美女主播”聊得非常投缘。得知“美女主播”身世比较悲惨，打算励志创业改变命运，陈某深受感动，决定与其合伙投资。陈某共被骗1800余万元，而直到案发，陈某连对方长什么样都没见过。

发现被骗的陈某前往公安局报案。随后，警方通过侦查将犯罪嫌疑人抓获归案。而此时陈某才知道，与他一直聊天的“美女主播”，原来是两个大胡子男人。

学法用法

电信诈骗是互联网和通讯技术发展的一大副产品。随着网络直播行业的蓬勃发展，许多不法分子也将目光投向了这一新兴的虚拟世界，纷纷利用网络直播平台从事诈骗等违法犯罪活动。而在虚拟互联网的掩护之下，诈骗手法和套路多如牛毛，以下常见的几种诈骗手法，需要格外注意和警醒：

1.投资创业型

如本案中，犯罪分子冒充“美女主播”，在网络上寻找有一定经济基础“事业有成”的男士，通过一定时间的交友恋爱，编造一些诸如身世凄惨、家境贫寒仍积极向上的励志故事，博取受害人同情，最终以投资创业、合伙创

业等名目骗取钱财。

此外，还有人谎称自己是国内外大型投资、证券公司内部员工，通过直播平台寻找具有投资理财需求的白领阶层，以内部信息、低投入、高回报等为诱饵实施诈骗。

2.交友借贷型

此类诈骗手法，犯罪分子往往通过网络直播选取大龄、渴望婚恋交友的人群，利用社交软件将自己包装为“高富帅”“白富美”乃至不同受害者偏爱的职业或形象，与受害者进行长时间、高频率的网络交友，骗取受害人信任，确立交往关系后，再以资金周转、家庭变故等为由，向受害人借钱，钱财到手后便立即消失。

3.平台充值型

此类诈骗手法，其目的是吸引受害者在固定的直播平台充值，向特定主播赠送礼物等。其手法是通过“键盘手”塑造一个单身女子的形象，在网络直播中筛选目标，通过社交软件在线交往，以特定的“话术”吸引好感、赢取同情，之后通过让受骗者在直播平台中充值购买礼物等方式骗取钱财。

以上是近年来较为常见的三种网络直播交友类诈骗的手法，实践中还有假借慈善项目诈骗、网上求职诈骗、游戏代练诈骗等，令人防不胜防。

根据我国《刑法》的规定，诈骗公私财物，数额较大的，处3年以下有期徒刑、拘役或者管制，并处或者单处罚金；数额巨大或者有其他严重情节的，处3年以上10年以下有期徒刑，并处罚金；数额特别巨大或者有其他特别严重情节的，处10年以上有期徒刑或者无期徒刑，并处罚金或者没收财产。同时，诈骗金额达3000元至1万元以上的，即属于数额较大，可定罪处罚。而利用互联网对不特定多数人实施诈骗的，依法可以从严惩处。

无论是直播平台，还是主播个人，只要实施了诈骗犯罪，就需要承担相应的法律责任。而如果直播平台与主播合谋进行诈骗等犯罪活动的，则属于共同犯罪，均需承担相应的刑事责任。

法律依据

《中华人民共和国刑法》

第二百六十六条　诈骗公私财物，数额较大的，处三年以下有期徒刑、拘役或者管制，并处或者单处罚金；数额巨大或者有其他严重情节的，处三年以上十年以下有期徒刑，并处罚金；数额特别巨大或者有其他特别严重情节的，处十年以上有期徒刑或者无期徒刑，并处罚金或者没收财产。本法另有规定的，依照规定。

《最高人民法院、最高人民检察院关于办理诈骗刑事案件具体应用法律若干问题的解释》

第一条　诈骗公私财物价值三千元至一万元以上、三万元至十万元以上、五十万元以上的，应当分别认定为刑法第二百六十六条规定的“数额较大”、“数额巨大”、“数额特别巨大”。

各省、自治区、直辖市高级人民法院、人民检察院可以结合本地区经济社会发展状况，在前款规定的数额幅度内，共同研究确定本地区执行的具体数额标准，报最高人民法院、最高人民检察院备案。

直播推销PUA课程，传授犯罪方法要担责——传授犯罪方法罪

以案释法

媒体记者暗访PUA培训的视频一度登上热搜，视频中，PUA讲师们洋洋得意地讲着自己哄骗女生与自己发生关系的经历，称自己“是在用生命替学员们做试验”。面对导师们的方法，学员们开心地表示，“学到了很多”。

当网络直播开始爆火，各类PUA课程开始进军网络直播行业。这些推销者以情感咨询、婚恋挽回、恋爱教学等服务为包装，入驻各大直播平台，通过网络直播的形式推销他们的PUA课程，其内容涉及脱单、挽回、分离第三者、自尊摧毁、情感虐待、极度榨取、自我伤害，甚至包含诱骗钱财、人身控制、教唆自杀等不良内容。

那么，PUA是否涉嫌犯罪？在直播间推销PUA课程是否涉嫌犯罪呢？

学法用法

近两年，PUA在网络上经历了从爆火到人人喊打的曲折发展。现在只要提到PUA，听者自然而然联想到一些不良甚至违法犯罪的行为。PUA究竟是什么？ PUA是否涉嫌犯罪？

1.何为PUA？

PUA的全称是“Pick-up Artist”，意为“搭讪艺术学”，是指让男性进行系统化学习、实践并不断更新提升、自我完善情商的行为，主要是帮助一

些跟异性有交往障碍的男士，让他们最终能成为社交达人。但是，在网络上被广泛指责的PUA，却并不是这么一回事。事实上，现在网络上推销的各类PUA课程，往往都是通过一系列的包装，用以欺骗乃至诱奸女性，或者向学员传授包括“快速推倒、精神或人身控制、诱骗钱财、教唆自杀”等在内的违法犯罪内容。

2. PUA构成犯罪吗？

首先要明确，只是传授提高情商、社交技能等正常的PUA，是不构成犯罪的，只有那些不良PUA才可能涉嫌刑事犯罪。

（1）强奸罪

许多不良PUA采用的手段，是通过在奶茶、咖啡等饮品中添加迷药，以求同女性发生性行为。此种迷奸行为，已经构成强奸罪。我国《刑法》规定，以暴力、胁迫或者其他手段强奸妇女的，处3年以上10年以下有期徒刑。奸淫不满14周岁的幼女的，以强奸论，从重处罚。此处的“其他手段”，就包括以醉酒、药物麻醉等方法对妇女进行奸淫。

（2）故意杀人罪

许多不良PUA课程通过精神控制等手段，以引诱、欺骗、怂恿等方式使受害人产生自杀意图，最终导致受害人自杀，此种行为可能构成不作为的故意杀人罪。不过，此类犯罪因作案手法较为隐秘，且取证难度大，实践中的认定难度也相对较高。

（3）诈骗罪

PUA涉嫌诈骗的情形一般分为两种：一是虚构自身形象，在朋友圈、微博等社交媒体打造虚假“人设”，利用PUA手法，与受害女性交友，从而达到骗取受害者钱财的目的。二是PUA教学机构，以婚恋交友、情感咨询等名义，以虚假的课程收取学员学费，骗取学员钱财。上述两种行为，均系以非法占有为目的，骗取他人钱物，构成我国《刑法》中的诈骗罪。

3.推销PUA课程涉嫌犯罪吗?

销售正常的PUA课程是不构成犯罪的。只有那些推销不良PUA课程，以传授学员违法犯罪手法为主要内容的，可能涉嫌传授犯罪方法罪。

我国《刑法》规定，传授犯罪方法的，处5年以下有期徒刑、拘役或者管制；情节严重的，处5年以上10年以下有期徒刑；情节特别严重的，处10年以上有期徒刑或者无期徒刑。许多不良PUA除了涉嫌前文提及的强奸罪、诈骗罪乃至故意杀人罪或者其他类型的犯罪之外，还公然通过网络直播等媒介，以开设课程等方式收取学费，传授骗财骗色、精神控制、人身控制、教唆自杀等犯罪手法，已经涉嫌传授犯罪方法罪。而学员一旦学习了这些手法并作出违法犯罪行为，则课程推销者和学员之间可能构成共同犯罪。

法律依据

《中华人民共和国刑法》

第二百九十五条 传授犯罪方法的，处五年以下有期徒刑、拘役或者管制；情节严重的，处五年以上十年以下有期徒刑；情节特别严重的，处十年以上有期徒刑或者无期徒刑。

直播飙车博眼球，罪之将至莫儿戏——危险驾驶罪

以案释法

某日凌晨，某路口发生一起车祸，经初步调查，肇事车辆司机邓某驾驶轿车行驶至某路口时，与一辆正常行驶的出租车发生碰撞，事故共造成5人受伤，其中一人伤势较重。据了解，肇事者邓某、肇事车辆内乘客，以及与肇事车辆同行的车辆的驾驶者分别为两家直播平台的主播。事发当时，几名主播正在进行直播，邓某在直播中与另一辆车中的友人加速飙车。

经警方调查，犯罪嫌疑人邓某已被警方以危险驾驶罪刑事拘留。而另一位驾车同行的违法犯罪嫌疑人张某因超速驾驶，被警方处以扣分、罚款。

学法用法

网络直播兴起，各路主播云集。但是，为吸引粉丝、博取关注，许多主播选择了各种极端甚至违法犯罪的手法。殊不知，这些手法背后往往隐藏着极大的代价。

如本案中，几名主播为了在直播中博取关注，选择了高速飙车的错误行为，造成了5人受伤的严重事故，最终自己也因涉嫌危险驾驶罪被刑事拘留，身陷囹圄。何为危险驾驶？怎样的行为构成危险驾驶罪？

我国《刑法》第133条之一规定：“在道路上驾驶机动车，有下列情形之一的，处拘役，并处罚金：（一）追逐竞驶，情节恶劣的；（二）醉酒驾驶机动车的；（三）从事校车业务或者旅客运输，严重超过额定乘员载客，或者严

重超过规定时速行驶的；（四）违反危险化学品安全管理规定运输危险化学品，危及公共安全的。机动车所有人、管理人对前款第三项、第四项行为负有直接责任的，依照前款的规定处罚。有前两款行为，同时构成其他犯罪的，依照处罚较重的规定定罪处罚。”

一般而言，以一辆或者多辆机动车为追逐目标，伴有超速行驶、连续违反交通信号灯、曲折变道超车等违章驾驶行为，可能被认定为刑法意义上的“追逐竞驶”。而在司法实践中，以下情形可能被认定为“情节恶劣”的表现：（1）追逐竞驶行为造成交通事故，尚不构成交通肇事罪等其他犯罪的；（2）伴有多项违反道路交通安全法的行为的，如驾驶改装、拼装的机动车，违规超车，严重超速行驶，违反交通信号以及实施其他违反道路安全通行规定的行为；（3）追逐竞驶主观恶性较大的，如曾因追逐竞驶受过行政处罚或者刑事追究的，多人多次追逐竞驶的，酒后、吸食毒品后追逐竞驶的，无驾驶资格驾驶机动车的；（4）在特殊时段、路段追逐竞驶，或者驾驶特殊车型追逐竞驶的，如交通高峰期在城市繁华路段追逐竞驶，造成交通堵塞或者引起公共恐慌的；（5）驾驶载有乘客的营运机动车追逐竞驶的等。本案中，几名主播直播飙车，造成严重交通事故，其行为属于“追逐竞驶，情节恶劣”的情形，依法构成危险驾驶罪。

此外，如果危险驾驶的行为造成了严重的交通事故，致人重伤、死亡或者使公私财产遭受重大损失的，还可能构成交通肇事罪或以危险方法危害公共安全罪等，可能面临更严重的刑事处罚。

不论是聚众在城市道路上追逐竞驶，还是其他形式的危险驾驶行为，都是对法律法规的挑衅，更是对道路安全及他人生命财产安全的漠视。网络直播，守法永远是底线。

法律依据

《中华人民共和国刑法》

第一百三十三条　违反交通运输管理法规，因而发生重大事故，致人重伤、死亡或者使公私财产遭受重大损失的，处三年以下有期徒刑或者拘役；交通运输肇事后逃逸或者有其他特别恶劣情节的，处三年以上七年以下有期徒刑；因逃逸致人死亡的，处七年以上有期徒刑。

第一百三十三条之一　在道路上驾驶机动车，有下列情形之一的，处拘役，并处罚金：

（一）追逐竞驶，情节恶劣的；

（二）醉酒驾驶机动车的；

（三）从事校车业务或者旅客运输，严重超过额定乘员载客，或者严重超过规定时速行驶的；

（四）违反危险化学品安全管理规定运输危险化学品，危及公共安全的。

机动车所有人、管理人对前款第三项、第四项行为负有直接责任的，依照前款的规定处罚。

有前两款行为，同时构成其他犯罪的，依照处罚较重的规定定罪处罚。

直播打砸为炫耀，牢门大开请君入——故意毁坏财物罪

以案释法

一年轻男子将所住酒店的房间内的台灯、桌椅、电话、电水壶、电视机、镜子等物品全部打坏，甚至连床都拆了。面对酒店服务员的劝告阻止，该男子不但不停，还大声吼叫，并称自己“有47万粉丝，影响力很大，正在现场直播”，称“东西砸了我赔，我1小时赚12万，把你们老板叫来跟我谈，我把酒店买下来，想怎么砸就怎么砸”。

服务员见劝阻无效后报警，警方赶到现场后将该男子带走调查，并暂扣其手机。经查，该男子系一名网络主播，某日下午在涉事酒店登记入住之前，在走廊上发现有一间房开着门，见里面无人便临时起意进入房间，用手机玩起了直播。在直播过程中，有粉丝提议让他表演砸酒店的东西，他为了博得粉丝的点赞、打赏，便开始损坏房间里面的物品。起初，他只是砸电话、台灯等物品，随着观众们不断地点赞、打赏，该男子的行为开始升级，连房间内的电视机、床也没能放过。

经清点评估，该男子砸坏的物品价值已超万元。最终，该男子以故意毁坏财物罪被警方刑事拘留。

学法用法

在网络直播领域，存在部分希求一夜爆红而不择手段的主播，他们甚至抱

有“哪怕违法了，但是只要能红就无所谓”的心态。这反映了部分主播法律意识淡薄，甚至价值观扭曲。此前，就有主播为博取关注直播捅马蜂窝，结果自己被蜇伤住进重症监护室，也有主播幻想自己是“古惑仔”，直播炫耀打架被拘。

根据我国《刑法》的规定，故意毁坏公私财物，数额较大或者有其他严重情节的，处3年以下有期徒刑、拘役或者罚金；数额巨大或者有其他特别严重情节的，处3年以上7年以下有期徒刑。根据相关司法解释的规定，故意毁坏公私财物，涉嫌下列情形之一的，应予立案追诉：（1）造成公私财物损失5000元以上的。需要注意的是，即使打砸毁坏财物的价值不足5000元，尚未构成数额较大的刑事犯罪标准，也可能触犯《治安管理处罚法》，将会面临行政拘留、罚款等行政处罚。（2）毁坏公私财物3次以上的。违法犯罪次数是衡量犯罪情节的重要因素之一，即使嫌疑人每次毁坏的财物价值均不足5000元，但只要次数达3次以上的，同样构成犯罪。（3）纠集3人以上公然毁坏公私财物的。这一情节标准主要是对人数、场合作的综合规定，即纠集3人以上、公然破坏。这样的规定是考虑到采用此种方式毁坏公私财物的，其情节的恶劣程度、社会影响等都比较大。（4）其他情节严重的情形。

本案中，该男子应粉丝要求直播打砸酒店物品，涉嫌故意毁损公私财物，因该男子毁损财物价值已超1万元，构成故意毁坏财物罪，其将面临3年以下有期徒刑、拘役或者罚金。

事实上，主播以极端的方式吸引粉丝、博取关注，甚至不惜以身犯险的行为，既反映出主播的价值观扭曲、法律意识淡薄，也折射出相关直播平台的监管及合规制度的缺失。根据《互联网信息服务管理办法》的规定，直播平台不得传播含有暴力内容的视频，否则将承担相应的法律责任。对于直播平台而言，一旦发现主播进行相关违法直播，应及时采取警示、关停、封号等处置措施，以尽到直播平台的管理责任。

法律依据

《中华人民共和国刑法》

第二百七十五条 故意毁坏公私财物，数额较大或者有其他严重情节的，处三年以下有期徒刑、拘役或者罚金；数额巨大或者有其他特别严重情节的，处三年以上七年以下有期徒刑。

《最高人民检察院、公安部关于公安机关管辖的刑事案件立案追诉标准的规定(一)》

第三十三条 ［故意毁坏财物案（刑法第二百七十五条）］故意毁坏公私财物，涉嫌下列情形之一的，应予立案追诉：

（一）造成公私财物损失五千元以上的；

（二）毁坏公私财物三次以上的；

（三）纠集三人以上公然毁坏公私财物的；

（四）其他情节严重的情形。

直播带货需谨慎，假冒伪劣不能碰——生产、销售伪劣产品罪

以案释法

曾某通过某直播平台看到有人发布的以低于市场价格销售香烟的广告，即产生了通过网络直播销售香烟非法牟利的想法。曾某在未取得烟草专卖零售许可证的情况下，与其女友王某用各自的身份信息以及曾某父亲的身份信息注册了等多个直播账号，名称均为“××免税烟”，并办理银行卡与注册的直播账号绑定。曾某与王某通过多个互联网直播平台，向全国多地网友广泛发布销售信息并非法销售多种品牌香烟。

随后执法人员抓获曾某、王某，并当场查获多个品种品牌香烟。经烟草质量监督检测站鉴别检验，被查获香烟均为假冒注册商标且为伪劣卷烟。

学法用法

网络直播是移动互联网高速发展的产物，是当下最热的娱乐方式之一，也是各大商家争相抢夺的重要领地。近两年，各大商家纷纷与网红及直播带货达人合作进行直播带货，也造就了诸多顶级流量的直播带货明星。

但是，直播带货高度繁荣的表象，也无法掩盖直播带货频频翻车的现实。在众多带货翻车的案例中，有的进行了退货、赔偿，有的受到了主管部门的行政处罚，还有的甚至触犯刑法、涉嫌刑事犯罪。一个个鲜活的案例无不警示着直播带货的法律风险，尤其是刑事风险不可忽视。

在直播带货中，销售假冒伪劣商品，可能涉嫌以下犯罪：

1.生产、销售伪劣产品罪

我国《刑法》规定，生产者、销售者在产品中掺杂、掺假，以假充真，以次充好或者以不合格产品冒充合格产品，销售金额达5万元以上的，构成生产、销售伪劣产品罪。其中，“在产品中掺杂、掺假”，是指在产品中掺入杂质或者异物，致使产品质量不符合国家法律、法规或者产品明示质量标准规定的质量要求，降低、失去应有使用性能的行为；“以假充真”，是指以不具有某种使用性能的产品冒充具有该种使用性能的产品的行为；“以次充好”，是指以低等级、低档次产品冒充高等级、高档次产品，或者以残次、废旧零配件组合、拼装后冒充正品或者新产品的行为；“不合格产品”，是指不符合《产品质量法》第26条第2款规定的质量要求的产品。

本案中，曾某等通过互联网直播销售低价香烟，经烟草质量监督检测站鉴别检验，认定为伪劣香烟，构成生产、销售伪劣产品罪。

2.销售假冒注册商标的商品罪

在直播带货领域，除了销售伪劣香烟产品之外，还有许多销售假冒的大牌鞋服、箱包的主播，其中不乏知名网红以及自媒体大V。根据我国《刑法》的规定，销售明知是假冒注册商标的商品，销售所得数额较大的，处3年以下有期徒刑，并处或者单处罚金；销售所得数额巨大的，处3年以上7年以下有期徒刑，并处罚金。

频频翻车的直播带货，一次次给广大带货网红、直播达人敲响了警钟。作为带货主播，要提高自身及团队的法律意识，在直播带货时尽到法定的审慎义务，以避免法律风险。

法律依据

《中华人民共和国刑法》

第一百四十条　生产者、销售者在产品中掺杂、掺假，以假充真，以次充好或者以不合格产品冒充合格产品，销售金额五万元以上不满二十万元的，处二年以下有期徒刑或者拘役，并处或者单处销售金额百分之五十以上二倍以下罚金；销售金额二十万元以上不满五十万元的，处二年以上七年以下有期徒刑，并处销售金额百分之五十以上二倍以下罚金；销售金额五十万元以上不满二百万元的，处七年以上有期徒刑，并处销售金额百分之五十以上二倍以下罚金；销售金额二百万元以上的，处十五年有期徒刑或者无期徒刑，并处销售金额百分之五十以上二倍以下罚金或者没收财产。

第二百一十四条　销售明知是假冒注册商标的商品，违法所得数额较大或者有其他严重情节的，处三年以下有期徒刑，并处或者单处罚金；违法所得数额巨大或者有其他特别严重情节的，处三年以上十年以下有期徒刑，并处罚金。

违规销售“网红药”，你不是药神——生产、销售假药罪

以案释法

赵某伙同郭某、王某及其丈夫谷某在未取得药品生产、销售许可的情况下，由赵某、郭某通过直播、微信等网络平台宣传“纯中药减肥胶囊”，称该减肥药为老中医独门配方、纯中药、无副作用，是众多减肥人士追捧的“网红药”；郭某、王某、谷某等对该胶囊进行装瓶、封袋，自制说明书，并通过直播间、微信等与购买者联系，通过微信、支付宝收款，联系快递公司向全国多省市地区的购买者邮寄发货。其中，王某、谷某销售金额共计约人民币110余万元，郭某销售金额共计人民币18900元，另从王某、谷某的住处查获“纯中药减肥胶囊”40余瓶。经市场监督管理局认定，涉案的“纯中药减肥胶囊”应依法按假药论处。

学法用法

电影《我不是药神》的上映引发了民众对于“假药”“劣药”的热烈讨论。而不论是在电影上映之前还是热播之后，网红、海归等代购、销售假药被抓的新闻均屡见报道，网红卖假药、劣药被抓的新闻甚至多次成为热搜话题。在相关案件的报道中不难发现，在销售假药、劣药类犯罪中，不乏网红、主播、模特、海归等群体。涉案的药品中，减肥药、美容整形类药品“出镜率”最高。而绝大多数的涉案人员，甚至都不知道自己销售、代购的这些药

品是“假药”“劣药”，更不清楚自己已经涉嫌刑事犯罪。

我国《刑法》规定了生产、销售假药罪与生产、销售劣药罪。(1)生产、销售假药罪：生产、销售假药的，处3年以下有期徒刑或者拘役，并处罚金；对人体健康造成严重危害或者有其他严重情节的，处3年以上10年以下有期徒刑，并处罚金；致人死亡或者有其他特别严重情节的，处10年以上有期徒刑、无期徒刑或者死刑，并处罚金或者没收财产。药品使用单位的人员明知是假药而提供给他人使用的，依照前述规定处罚。(2)生产、销售劣药罪：生产、销售劣药，对人体健康造成严重危害的，处3年以上10年以下有期徒刑，并处罚金；后果特别严重的，处10年以上有期徒刑或者无期徒刑，并处罚金或者没收财产。药品使用单位的人员明知是劣药而提供给他人使用的，依照前述规定处罚。

那么，何为“假药”“劣药”？怎样的行为会构成犯罪？

1.什么是“假药”？

根据我国《药品管理法》的规定，假药主要包括四种情形：(1)药品所含成份与国家药品标准规定的成份不符；(2)以非药品冒充药品或者以他种药品冒充此种药品；(3)变质的药品；(4)药品所标明的适应症或者功能主治超出规定范围。

2.什么是“劣药”？

根据我国《药品管理法》的规定，劣药主要包括七种情形：(1)药品成份的含量不符合国家药品标准；(2)被污染的药品；(3)未标明或者更改有效期的药品；(4)未注明或者更改产品批号的药品；(5)超过有效期的药品；(6)擅自添加防腐剂、辅料的药品；(7)其他不符合药品标准的药品。

3.何种行为构成犯罪？

不论是生产、销售假药罪，还是生产、销售劣药罪，其行为均包括“生产、销售”。也就是说，对于假药、劣药类犯罪，作为生产端的制造者会构成犯罪，同时，作为销售端的销售者，也是刑法打击的对象，其中的销售，既包括自主销售，也包括代购等转手销售的行为。值得注意的是，生产、销售假药罪，只要有生产或销售假药的行为，即会构成犯罪；而生产、销售劣药罪则需要有对人体健康造成严重危害的后果，才会构成犯罪。

食品药品作为直接关系消费者身体健康甚至生命安全的重要领域，一直以来都受到国家的重点监管。我国《药品管理法》明确禁止未取得药品批准证明文件生产、进口药品；禁止使用未按照规定审评、审批的原料药、包装材料和容器生产药品。因此，对于网红主播和带货达人而言，从事食药领域的带货，要慎之又慎，一定要从正规渠道购进货物，并取得合法的授权、批准等，否则将面临极大的法律风险。

法律依据

《中华人民共和国刑法》

第一百四十一条 生产、销售假药的，处三年以下有期徒刑或者拘役，并处罚金；对人体健康造成严重危害或者有其他严重情节的，处三年以上十年以下有期徒刑，并处罚金；致人死亡或者有其他特别严重情节的，处十年以上有期徒刑、无期徒刑或者死刑，并处罚金或者没收财产。

药品使用单位的人员明知是假药而提供给他人使用的，依照前款的规定处罚。

第一百四十二条 生产、销售劣药，对人体健康造成严重危害的，处三年以上十年以下有期徒刑，并处罚金；后果特别严重的，处十年以上有期徒刑或者无期徒刑，并处罚金或者没收财产。

药品使用单位的人员明知是劣药而提供给他人使用的，依照前款的规定处罚。

第一百四十二条之一 违反药品管理法规，有下列情形之一，足以严重危害人体健康的，处三年以下有期徒刑或者拘役，并处或者单处罚金；对人体健康造成严重危害或者有其他严重情节的，处三年以上七年以下有期徒刑，并处罚金：

（一）生产、销售国务院药品监督管理部门禁止使用的药品的；

（二）未取得药品相关批准证明文件生产、进口药品或者明知是上述药品而销售的；

（三）药品申请注册中提供虚假的证明、数据、资料、样品或者采取其他欺骗手段的；

（四）编造生产、检验记录的。

有前款行为，同时又构成本法第一百四十一条、第一百四十二条规定之罪或者其他犯罪的，依照处罚较重的规定定罪处罚。

为赌博网站做推广，贪图小钱犯大罪——开设赌场罪

以案释法

李某在某直播平台进行足球等体育赛事直播。某赌博网站的工作人员找到李某，双方商定李某将赌博网站工作人员拉入其粉丝群做管理员，如有意欲赌球的粉丝，让粉丝找工作人员注册赌博网站的账号赌球，以此方式为该赌博网站发展会员。赌博网站每月按微信群的人数支付一定数额的群管理费，并且将李某发展的会员在该网站参与赌博亏损数额（即输返）的10%返还给李某作为提成。随后李某招募被告人小海做主播，小海在明知李某为赌博网站发展会员，并收取管理费及提成的情况下，利用李某账号进行直播，以此继续为赌博网站发展会员。李某除支付小海每月4500元固定工资外，还将其从赌博网站输返所得提成中支付20%作为给小海的提成。后李某不再做直播，遂和小海商定将直播账号让给小海，二人各自收取自己粉丝群的管理费，赌博网站输返提成二人平分，小海继续直播，以相同方式帮助赌博网站发展会员至案发。

学法用法

赌博是我国法律明令禁止和严厉打击的违法犯罪行为。近年来，随着互联网的发展，赌博类犯罪呈现由线下到线上，涉案人员由少到多，涉案范围由境内到跨境，涉案金额越来越大的趋势。而网络直播的兴起，更是让相当

多的网络赌博进入直播间。

在众多网络赌博案件中，最为常见的包括利用网络直播开设赌场，利用体育赛事、电子游戏等形式从事赌博，以及在网络直播中隐藏赌博链接，为赌博网站提供技术、资金、推广等多种支持，而这些都可能涉嫌刑事犯罪。那么，利用网络直播从事赌博，可能涉嫌什么犯罪呢？

1.赌博罪

根据我国《刑法》的规定，以营利为目的，聚众赌博或者以赌博为业的，构成赌博罪，处3年以下有期徒刑、拘役或者管制，并处罚金。所谓“聚众赌博”，是指以下四种情形：（1）组织3人以上赌博，抽头渔利数额累计达到5000元以上的；（2）组织3人以上赌博，赌资数额累计达到5万元以上的；（3）组织3人以上赌博，参赌人数累计达到20人以上的；（4）组织中华人民共和国公民10人以上赴境外赌博，从中收取回扣、介绍费的。所谓“以赌博为业”，一般是指以赌博所得为主要生活来源，既包括没有正式职业、正当收入而以赌博为生，也包括虽有正当职业、正当经济收入但以赌博所得为其生活或者挥霍的主要经济来源。

2.开设赌场罪

网络直播赌博，很多情形都会涉嫌开设赌场罪。根据我国《刑法》的规定，开设赌场的，处5年以下有期徒刑、拘役或者管制，并处罚金；情节严重的，处5年以上10年以下有期徒刑，并处罚金。所谓“开设赌场”，是指利用互联网、移动通讯终端等传输赌博视频、数据，组织赌博活动，具体包括：（1）建立赌博网站并接受投注的；（2）建立赌博网站并提供给他人组织赌博的；（3）为赌博网站担任代理并接受投注的；（4）参与赌博网站利润分成的。同时，明知是赌博网站，而为其提供下列服务或者帮助的，构成开设赌场的共同犯罪：（1）为赌博网站提供互联网接入、服务器托管、网络存储空间、通讯传输通道、投放广告、发展会员、软件开发、技术支持等服务，收取服务费数额在2万元以上的；（2）为赌博网站提供资金支付结算服务，收取服务费数额在1万元以上或者帮助收取赌资20万元以上的；（3）为10个以上赌博网站投放与网址、赔率等信息有关的广告或者为赌博网站投放广告累计100条以上的。

本案中，李某和小海明知是赌博网站，而为其投放广告、发展会员，非法获利已经超过2万元，属于开设赌场罪的共同犯罪，依法将面临5年以下有期徒刑的刑事处罚。

法律依据

《中华人民共和国刑法》

第三百零三条 以营利为目的，聚众赌博或者以赌博为业的，处三年以下有期徒刑、拘役或者管制，并处罚金。

开设赌场的，处五年以下有期徒刑、拘役或者管制，并处罚金；情节严重的，处五年以上十年以下有期徒刑，并处罚金。

组织中华人民共和国公民参与国（境）外赌博，数额巨大或者有其他严重情节的，依照前款的规定处罚。

直播推销“拉人头”，传销犯罪知多少——组织、领导传销活动罪

以案释法

王某以虚构的外资公司名义，通过互联网、微信群、直播间及线下会议讲课的方式进行宣传，要求他人以缴纳1388元购买一台POS机成为该公司会员，获得全国市场代理及推广权，并设置直推奖、层奖、量奖、见点奖、四级分红等奖金制度引诱会员发展下线，以会员发展下线的数量作为计酬返利的依据。截至案发，发展会员3层以上共计3万余人，收取会员缴纳的资金共计约4800万元，除向下线人员返还及经营支出外，非法获利约1180万元。

同时，王某、罗某组织运作网络传销组织发展下线，通过互联网、直播平台等渠道，以四级矿工制度及区块链虚拟货币结算为噱头，要求会员购买一台矿机以取得会员资格，并设置直推奖、级别差奖、代奖等奖金制度引诱会员发展下线，以会员发展下线的数量作为计酬返利依据。

学法用法

移动互联网的发展将我国带入了全民直播时代。只要拥有一部可以上网的手机，随时随地可以直播。而随着网络直播的火爆，越来越多的违法犯罪活动将触手伸向了网络直播，其中就包括传销。许多传销组织将传统的线下传销转移至互联网，甚至网络直播间。他们将网络直播作为传销的工具，利

用网络直播，借助微商、区块链、虚拟货币、网络培训、网红打造等名义进行传销活动，发展传销网络。这些违法甚至犯罪的行为，极大地威胁着网络乃至社会安全，已成为了网络毒瘤。

所谓传销，是指以推销商品、提供服务等经营活动为名，要求参加者以缴纳费用或者购买商品、服务等方式获得加入资格，并按照一定顺序组成层级，直接或者间接以发展人员的数量作为计酬或者返利依据，引诱、胁迫参加者继续发展他人参加，骗取财物的行为。根据我国《刑法》的规定，组织、领导传销活动的，处5年以下有期徒刑或者拘役，并处罚金；情节严重的，处5年以上有期徒刑，并处罚金。

根据我国《刑法》及相关司法解释的规定，在传销活动中组织内部参与传销活动人员在30人以上且层级在3级以上的，应当对组织者、领导者追究刑事责任。下列人员可以认定为传销活动的组织者、领导者：（1）在传销活动中起发起、策划、操纵作用的人员；（2）在传销活动中承担管理、协调等职责的人员；（3）在传销活动中承担宣传、培训等职责的人员；（4）曾因组织、领导传销活动受过刑事处罚，或者1年以内因组织、领导传销活动受过行政处罚，又直接或者间接发展参与传销活动人员在15人以上且层级在3级以上的人员；（5）其他对传销活动的实施、传销组织的建立、扩大等起关键作用的人员。

一般而言，传销具备“拉人头”“收会费”“多层级”“返利计酬”等特点。如本案中，被告人以推广POS机、矿机等商品为名目，要求会员以一定金额购买会员资格，形成3层以上的层级，以各种奖金制度诱使会员发展下线，以下线数量作为计酬返利的依据的行为，属于我国《刑法》规定的传销活动，而王某、罗某作为组织、领导者，依法应当承担相应的刑事责任。

法律依据

《中华人民共和国刑法》

第二百二十四条之一　组织、领导以推销商品、提供服务等经营活动为名，要求参加者以缴纳费用或者购买商品、服务等方式获得加入资格，并按照一定顺序组成层级，直接或者间接以发展人员的数量作为计酬或者返利依据，引诱、胁迫参加者继续发展他人参加，骗取财物，扰乱经济社会秩序的传销活动的，处五年以下有期徒刑或者拘役，并处罚金；情节严重的，处五年以上有期徒刑，并处罚金。

直播发图为报复，泄愤犯罪一念差——侮辱罪

以案释法

王某与李某曾经是男女朋友关系。李某在二人交往过程中，用手机拍摄了王某隐私部位照片。后两人分手。

李某为泄私愤，在自己的直播间内以文字、图片、视频等形式发送所谓“爆料”信息，附以王某隐私照片，并配有不堪文字，公然侮辱王某。同时，李某还将前述内容编辑成侮辱诽谤性文字和视频共制作成50余个作品，在多个直播平台上发布，严重损坏了王某名誉，对王某正常生活造成极大影响。

李某还通过某自媒体账号，将前述“爆料”文章、照片、视频等重新编辑分期发布，这些内容被大量转发、评论、点赞。同时前述内容被多个互联网社交媒体平台及用户转发。李某还利用网盘平台公开了前述王某隐私照片的链接。

学法用法

近年来，随着直播行业的发展，国家也在不断加强对直播行业的规范和监管，并针对直播平台及主播的行为，出台了一系列的法律法规及监管政策，有效促进了直播行业的规范健康发展。但网络直播作为新兴的行业和现象，由于其进入门槛极低，用户及受众范围极广，各类主播及主播平台的质量难免良莠不齐，甚至出现许多违法犯罪行为。

如本案中，李某在与王某终止交往后，仅仅为泄私愤，就通过多个直播

平台发布王某的个人信息，并配有诸多侮辱性文字、图片和视频内容，后又将王某的隐私照片以及侮辱王某的相关内容通过微博等社交媒体连续发布，李某的上述行为明确指明王某，严重侮辱了王某的人格，给王某的工作、生活造成了严重影响，已经涉嫌刑事犯罪。

根据我国《刑法》的规定，以暴力或者其他方法公然侮辱他人或者捏造事实诽谤他人，情节严重的，构成侮辱罪或诽谤罪，处3年以下有期徒刑、拘役、管制或者剥夺政治权利。构成侮辱罪的常见手段既包括暴力方式，如以粪便脏物泼人、以墨汁等涂人，或强迫他人做一些有辱人格的动作、行为等；也包括其他方式，如以语言、文字、视频等形式侮辱，散布他人隐私、缺陷，或采用攻击性的语言或文字嘲笑、辱骂他人等。同时，侮辱罪的犯罪手段要求“公然侮辱他人”，而通过互联网社交媒体、网络直播等途径发布侮辱他人的言论、信息等，明显属于公然侮辱他人。

此外，根据《刑法》的规定，侮辱罪和诽谤罪都属于自诉案件，即法律规定的“告诉的才处理”。也就是说，如受害人认为他人有侮辱、诽谤自己的行为，要求追究其刑事责任时，需要自行向人民法院提起刑事自诉。只有“严重危害社会秩序和国家利益”的情形，才可以向公安机关报案，要求公安机关依法立案调查。

值得注意的是，我国《刑法》同时规定，通过信息网络实施暴力或者其他方法公然侮辱他人或者捏造事实诽谤他人的行为，被害人向人民法院告诉，但提供证据确有困难的，人民法院可以要求公安机关提供协助。也就是说，在通过互联网实施的侮辱、诽谤刑事案件中，受害人除自行收集证据材料提起刑事自诉外，如相关证据的收集确有困难的，可以在起诉后依法向人民法院提出申请，由法院要求公安机关协助调查取证。因此，在遭遇不法分子通过互联网进行的侮辱、诽谤等犯罪行为时，受害人要勇于拿起法律武器维护自己的合法权益。

法律依据

《中华人民共和国刑法》

第二百四十六条 以暴力或者其他方法公然侮辱他人或者捏造事实诽谤他人，情节严重的，处三年以下有期徒刑、拘役、管制或者剥夺政治权利。

前款罪，告诉的才处理，但是严重危害社会秩序和国家利益的除外。

通过信息网络实施第一款规定的行为，被害人向人民法院告诉，但提供证据确有困难的，人民法院可以要求公安机关提供协助。

纠集多人斗殴，为博眼球直播斗殴现场——聚众斗殴罪

以案释法

韩某在某直播平台一主播直播间中与同在该直播间的吴某因主播刷礼物等琐事发生争吵，随即吴某多次电话联系韩某，并与韩某及徐某在电话中发生口角。双方在电话中约定在某中心医院附近斗殴，同时吴某声称其将带自己的好兄弟到场，要将韩某“打服”，并将在直播间进行现场直播，“让全网知道得罪我的下场”。随后徐某持扎枪、韩某持铁棒、张某持棍棒在约定地点等待。吴某及其朋友乘车到约定地点，徐某见状后，持扎枪上前向车里捅一下，吴某等人随即下车，与徐某等人发生撕扯、扭打。期间有人喊“警察来了”，张某等人逃离。

学法用法

网络直播的野蛮发展吸引了一批“社会人士”入驻。其中不乏一些法律意识和守法观念较为淡薄的主播。他们或是因为“爱面子”，或是出于“气不过”，或是为了“吸粉”而作秀，往往在直播间里一言不合而激化矛盾，直至线下约架，甚至不惜直播斗殴场景。殊不知，不管是真打架，还是假斗殴，只要在直播间里直播了扰乱正常的网络秩序和社会秩序的行为，都可能违法甚至构成刑事犯罪。

根据我国《刑法》的规定，聚众斗殴的，首要分子和其他积极参加者，

构成聚众斗殴罪，处3年以下有期徒刑、拘役或者管制。所谓“首要分子”，主要是指在聚众斗殴犯罪中起组织、策划、指挥作用的人，在一次聚众斗殴的违法犯罪活动中，首要分子可能是一人，也可能是多人。而“积极参加者”，需要结合参与者的主观恶性、具体行为以及造成的损害后果综合判断。根据《刑法》规定，如果首要分子和其他积极参加者有以下情形之一的，可能面临3年以上10年以下有期徒刑：（1）多次聚众斗殴的；（2）聚众斗殴人数多，规模大，社会影响恶劣的；（3）在公共场所或者交通要道聚众斗殴，造成社会秩序严重混乱的；（4）持械聚众斗殴的。

本案中，徐某、韩某、吴某因直播矛盾而进行线下约架斗殴，均属于首要分子，张某则属于积极参加者。而因徐某、韩某均属于持械聚众斗殴，情节更严重，因此，本案经过审理，徐某、韩某被判处3年以上有期徒刑，吴某和张某则被判处3年以下有期徒刑。

事实上，网络直播兴起后，网络上关于主播聚众斗殴的新闻报道也为数不少。更有某些涉黑涉恶团伙，通过直播平台相互辱骂、约架甚至嚣张直播聚众斗殴，而被警方顺藤摸瓜，打掉整个犯罪集团的案例。

打架、斗殴都是严重威胁他人人身财产安全，危害社会公共秩序安全的违法行为，聚众斗殴则可能造成更为严重的人身、财产损害以及社会秩序的混乱，而将聚众斗殴的行为或场景“搬上”互联网、直播间，也会对网络环境和秩序造成破坏。许多聚众斗殴的案件中，都可能会造成他人重伤甚至死亡的严重后果，而这样的情节，可能触犯更为严重的故意伤害罪或故意杀人罪。可谓一时的激愤往往会付出一生的代价。

法律依据

《中华人民共和国刑法》

第二百九十二条 聚众斗殴的，对首要分子和其他积极参加的，处三年以下有期徒刑、拘役或者管制；有下列情形之一的，对首要分子和其他积极参加的，处三年以上十年以下有期徒刑：

（一）多次聚众斗殴的；

（二）聚众斗殴人数多，规模大，社会影响恶劣的；

（三）在公共场所或者交通要道聚众斗殴，造成社会秩序严重混乱的；

（四）持械聚众斗殴的。

聚众斗殴，致人重伤、死亡的，依照本法第二百三十四条、第二百三十二条的规定定罪处罚。

为直播任务铤而走险，买卖公民信息法网不容——侵犯公民个人信息罪

以案释法

胡某、朱某以某公司名义与某游戏直播平台签订《解说合作协议》，约定由其在若干游戏板块委派协议主播在该游戏直播平台进行独家解说，并获取相应的合作费用。

为完成解说“堆量”任务，胡某、朱某在直播平台相关人员默认的情况下，违反《解说合作协议》的约定，多次从郝某处购买包含姓名、身份证号、手机号、直播平台账号密码等公民个人信息一万余条，用于在直播平台通过播放游戏录像的方式，完成《解说合作协议》约定的解说任务，并从直播平台获取合作费用人民币700多万元。

随后胡某、朱某、郝某被公安机关抓获。公安机关从胡某、郝某处查获大量公民个人信息。

学法用法

随着互联网技术和现代通信技术的迅猛发展，公民个人信息的重要性日益凸显。与此同时，公民个人信息也越来越容易泄露，大量的公民个人信息通过网络传播，被不法分子利用和窃取，以侵犯公民个人信息获取经济利益的现象和行为也逐渐增加，甚至形成了灰色产业链。近年来，国家对于公民个人信息的保护力度也在逐渐加大，对于侵犯公民个人信息的违法犯罪活动

的打击力度也越来越大。

在网络直播行业，最重要的资源就是粉丝和流量，而一个粉丝或一条流量就代表着一连串的个人信息。在巨大行业利润的驱使下，网络直播行业开始出现了许多通过贩卖或购买公民个人信息来刷流量、刷粉丝等违规操作，殊不知这样的违规操作已经触犯刑法。

根据我国《刑法》的规定，违反国家有关规定，向他人出售或者提供公民个人信息，窃取或者以其他方法非法获取公民个人信息，情节严重的，构成侵犯公民个人信息罪，处3年以下有期徒刑或者拘役，并处或者单处罚金；情节特别严重的，处3年以上7年以下有期徒刑，并处罚金。那么，何种信息属于“公民个人信息”，何为“提供”及“以其他方法非法获取”？怎样的情节属于“情节严重”，怎样的情节又属于“情节特别严重”？

1.何为“公民个人信息”

根据司法解释的规定，此处的公民个人信息，是指以电子或者其他方式记录的能够单独或者与其他信息结合识别特定自然人身份或者反映特定自然人活动情况的各种信息，包括姓名、身份证件号码、通信通讯联系方式、住址、账号密码、财产状况、行踪轨迹等。

2.何为“提供”及“以其他方法非法获取”

我国《刑法》打击侵犯公民个人信息犯罪的行为包括出售、窃取、提供及非法获取。所谓“提供”，既包括向特定人提供公民个人信息，以及通过信息网络或者其他途径发布公民个人信息，也包括未经被收集者同意，将合法收集的公民个人信息向他人提供的。所谓“以其他方法非法获取”，主要是指违反国家有关规定，通过购买、收受、交换等方式获取公民个人信息，或者在履行职责、提供服务过程中收集公民个人信息的行为。

3.如何判断情节是否严重

对于侵犯公民个人信息的犯罪行为，我国法律及司法解释规定了以下

“情节严重”的情形：（1）出售或者提供行踪轨迹信息，被他人用于犯罪的；（2）知道或者应当知道他人利用公民个人信息实施犯罪，向其出售或者提供的；（3）非法获取、出售或者提供行踪轨迹信息、通信内容、征信信息、财产信息50条以上的；（4）非法获取、出售或者提供住宿信息、通信记录、健康生理信息、交易信息等其他可能影响人身、财产安全的公民个人信息500条以上的；（5）非法获取、出售或者提供第3项、第4项规定以外的公民个人信息5000条以上的；（6）数量未达到第3项至第5项规定标准，但是按相应比例合计达到有关数量标准的；（7）违法所得5000元以上的；（8）将在履行职责或者提供服务过程中获得的公民个人信息出售或者提供给他人，数量或者数额达到第3项至第7项规定标准一半以上的；（9）曾因侵犯公民个人信息受过刑事处罚或者2年内受过行政处罚，又非法获取、出售或者提供公民个人信息的。而“情节特别严重”情形包含：（1）造成被害人死亡、重伤、精神失常或者被绑架等严重后果的；（2）造成重大经济损失或者恶劣社会影响的；（3）数量或者数额达到上述第3项至第8项规定标准10倍以上的。

根据上述规定，判断侵犯公民个人信息犯罪情节是否严重，主要的衡量标准在于数量和违法所得，概括而言，非法获取、出售最重要信息50条以上，次重要信息500条以上，普通个人信息5000条以上，或违法所得5000元以上，即属于情节严重，会构成刑事犯罪。

法律依据

《中华人民共和国刑法》

第二百五十三条之一　违反国家有关规定，向他人出售或者提供公民个人信息，情节严重的，处三年以下有期徒刑或者拘役，并处或者单处罚金；情节特别严重的，处三年以上七年以下有期徒刑，并处罚金。

违反国家有关规定，将在履行职责或者提供服务过程中获得的公民个人信息，出售或者提供给他人的，依照前款的规定从重处罚。

窃取或者以其他方法非法获取公民个人信息的，依照第一款的规定处罚。

单位犯前三款罪的，对单位判处罚金，并对其直接负责的主管人员和其他直接责任人员，依照各该款的规定处罚。

《中华人民共和国个人信息保护法》

第十条　任何组织、个人不得非法收集、使用、加工、传输他人个人信息，不得非法买卖、提供或者公开他人个人信息；不得从事危害国家安全、公共利益的个人信息处理活动。

第六十六条　违反本法规定处理个人信息，或者处理个人信息未履行本法规定的个人信息保护义务的，由履行个人信息保护职责的部门责令改正，给予警告，没收违法所得，对违法处理个人信息的应用程序，责令暂停或者终止提供服务；拒不改正的，并处一百万元以下罚款；对直接负责的主管人员和其他直接责任人员处一万元以上十万元以下罚款。

有前款规定的违法行为，情节严重的，由省级以上履行个人信息保护职责的部门责令改正，没收违法所得，并处五千万元以下或者上一年度营业额百分之五以下罚款，并可以责令暂停相关业务或者停业整顿、通报有关主管部门吊销相关业务许可或者吊销营业执照；对直接负责的主管人员和其他直接责任人员处十万元以上一百万元以下罚款，并可以决定禁止其在一定期限内担任相关企业的董事、监事、高级管理人员和个人信息保护负责人。

第七十一条　违反本法规定，构成违反治安管理行为的，依法给予治安管理处罚；构成犯罪的，依法追究刑事责任。

自制直播软件暗刷流量，主播勾结商家，平台遭殃——非法控制计算机信息系统罪

以案释法

待业在家的吴某偶然间看到网上有人售卖增加网络直播间流量的软件，他便想起了老同学姚某擅长编程。“如果自己也能研发出一款类似的软件，岂不是一本万利的买卖？”吴某立刻联系姚某，两人一拍即合，谋划在直播热潮中“分一杯羹”。在吴某的指使下，姚某研发出一款“直播神器”，用于虚增某电商平台商铺直播间的流量，几经改版升级，姚某将一款集批量导入小号，虚拟增加观看人数、收藏数量、发言互动等功能于一体的软件交付给吴某，并收获了数笔“好处费”。之后，吴某身兼销售、客服等数职，积极开拓“市场”，除了将这款软件挂在某平台上售卖，他还积极联系主播王某，利用王某网络主播的身份，在其直播间打小广告向商家兜售，同时为王某刷流量。

这种暗刷流量的方式操作简单而且效果“不错”。商家下载软件并注册账号后，购买卡密对账号进行充值，不同数量的卡密对应直播间不同量级的活跃度，充值越多，购买的卡密越多，直播间的数据就会越“红火”。为了提高自己店铺直播间的人气和销量，从而吸引更多人来购买商品，不少商家和主播主动联系吴某。等到直播时外挂这款软件，就会有“僵尸粉”跟主播热情互动，营造虚假的热闹场面，一些不明真相的“吃瓜群众”往往跟风“买买买”。商家坦言，经过这么一操作，店铺销量确实有所上升，带货也比之前更容易了。短短3个多月，就有近200个商家找上门来，吴某轻松赚进3.2万余元。

学法用法

全民直播时代，流量、粉丝、热度成为各大主播、平台和商家争相追逐的“名利场”。数据和流量往往意味着直接的利益，而在利益的驱使下，许多不法分子利用主播急于攒人气、流量的心理，利用商家追逐流量的弱点，将黑手伸向了直播间。

根据我国《刑法》的规定，提供专门用于侵入、非法控制计算机信息系统的程序、工具，或者明知他人实施侵入、非法控制计算机信息系统的违法犯罪行为而为其提供程序、工具，情节严重的，构成提供侵入、非法控制计算机信息系统程序、工具罪。

此处规定的“计算机信息系统”或“计算机系统”，是指具备自动处理数据功能的系统，包括计算机、网络设备、通信设备、自动化控制设备等，而网络直播APP系统就属于法律规定的计算机信息系统。《刑法》规定构成犯罪要求“情节严重”或“情节特别严重”，而根据相关司法解释的规定，“情节严重”包括：（1）获取支付结算、证券交易、期货交易等网络金融服务的身份认证信息10组以上的；（2）获取第（1）项以外的身份认证信息500组以上的；（3）非法控制计算机信息系统20台以上的；（4）违法所得5000元以上或者造成经济损失1万元以上的；（5）其他情节严重的情形。“情节特别严重”主要指数量或者数额达到上述第（1）项至第（4）项规定标准5倍以上的情形。

本案中，吴某伙同姚某向他人提供侵入、非法控制计算机信息系统的程序，通过自行开发的程序，在未获得授权的情况下，对直播系统后台的传输数据进行获取、增加和修改等行为，属于破坏程序，严重影响了平台信息系统的正常运行。同时，对某些商品的虚假刷流量的行为，也严重破坏了公平竞争的正常市场秩序，严重误导了消费者的选择。吴某通过销售作弊软件获利3万余元，超过了法律规定的“违法所得5000元”的5倍，属于“情节特别严重”的情形，依法被处以3年以上有期徒刑；而姚某与吴某共同实施了犯罪行为，主播王某明知吴某销售作弊软件，仍为其提供帮助并自行使用软件刷流量，属于共同犯罪，也受到了相应的刑事处罚。

法律依据

《中华人民共和国刑法》

第二百八十五条 违反国家规定，侵入国家事务、国防建设、尖端科学技术领域的计算机信息系统的，处三年以下有期徒刑或者拘役。

违反国家规定，侵入前款规定以外的计算机信息系统或者采用其他技术手段，获取该计算机信息系统中存储、处理或者传输的数据，或者对该计算机信息系统实施非法控制，情节严重的，处三年以下有期徒刑或者拘役，并处或者单处罚金；情节特别严重的，处三年以上七年以下有期徒刑，并处罚金。

提供专门用于侵入、非法控制计算机信息系统的程序、工具，或者明知他人实施侵入、非法控制计算机信息系统的违法犯罪行为而为其提供程序、工具，情节严重的，依照前款的规定处罚。

单位犯前三款罪的，对单位判处罚金，并对其直接负责的主管人员和其他直接责任人员，依照各该款的规定处罚。

为博关注直播恐怖视频，镣铐加身方知法不可违——宣扬恐怖主义、极端主义罪

以案释法

王某注册开通了某网络直播APP账号，成为一名主播。后王某为了寻求刺激、增加自己的关注度和粉丝量，为发展自己广告推广业务获取更大利益，其通过进入其他视频网站，先后下载、保存多部暴力恐怖视频、暴力血腥视频，并将已下载的视频分多期上传至自己的网盘内，通过社交媒体账号发布置顶消息、供关注其账号的人员下载，设置下载有效期限为永久。同时，王某在自己的直播间直播放映上述暴力恐怖视频、暴力血腥视频。截至案发，关注其账号人员达25.3万余人，王某上传的宣传片共46件，经公安局反恐工作支队审读，宣传片内含暴力恐怖视频10部，暴力血腥视频27部。

学法用法

近年来，随着互联网和通信技术的飞速发展，国家也在不断加强对互联网、直播平台的规范和监管，并出台了相关法律法规，用以促进网络安全及互联网的健康发展。随着监管力度的不断加强，互联网平台、网络直播等行业的野蛮发展态势得到了有效的控制，但仍有少量法律意识淡薄的网络用户，为了谋取个人私利或满足个人愿望，不惜触犯法律，最终受到了法律的严惩。

如本案的王某，为了吸引关注，为自己日后的广告推广业务发展创造条件，不惜利用网络直播传播恐怖、血腥视频，虽然吸引到了部分粉丝，却已

经触犯刑法。

根据我国《刑法》的规定，以制作、散发宣扬恐怖主义、极端主义的图书、音频视频资料或者其他物品，或者通过讲授、发布信息等方式宣扬恐怖主义、极端主义的，构成宣扬恐怖主义、极端主义罪，处5年以下有期徒刑、拘役、管制或者剥夺政治权利，并处罚金；情节严重的，处5年以上有期徒刑，并处罚金或者没收财产。同时，司法解释也规定了“宣扬恐怖主义、极端主义”的具体情形，包括：（1）编写、出版、印刷、复制、发行、散发、播放载有宣扬恐怖主义、极端主义内容的图书、报刊、文稿、图片或者音频视频资料；（2）设计、生产、制作、销售、租赁、运输、托运、寄递、散发、展示带有宣扬恐怖主义、极端主义内容的标识、标志、服饰、旗帜、徽章、器物、纪念品等物品；（3）利用网站、网页、论坛、博客、微博客、网盘、即时通信、通讯群组、聊天室等网络平台、网络应用服务等登载、张贴、复制、发送、播放、演示载有恐怖主义、极端主义内容的图书、报刊、文稿、图片或者音频视频资料；（4）网站、网页、论坛、博客、微博客、网盘、即时通信、通讯群组，聊天室等网络平台、网络应用服务的建立、开办、经营、管理者，明知他人利用网络平台、网络应用服务散布、宣扬恐怖主义、极端主义内容，经相关行政主管部门处罚后仍允许或者放任他人发布；（5）利用教经、讲经、解经、学经、婚礼、葬礼、纪念、聚会和文体活动等宣扬恐怖主义、极端主义、煽动实施恐怖活动等。

本案的王某通过社交媒体账号以及网络直播等形式散布暴力恐怖视频、暴力血腥视频的行为，即属于利用网络平台网络应用服务，发送、播放载有恐怖主义、极端主义内容的视频资料，构成宣扬恐怖主义、极端主义罪，依法将会面临5年以下有期徒刑的刑事处罚。

网络安全关系到每一位网络用户的安全，更会影响现实社会的安全、社会秩序的稳定，遵守法律、维护网络安全是每一个网络用户的义务。而违反法律危害网络安全、社会安全的行为，不仅会受到相应的行政处罚，还可能构成刑事犯罪。

法律依据

《中华人民共和国刑法》

第一百二十条之三　以制作、散发宣扬恐怖主义、极端主义的图书、音频视频资料或者其他物品，或者通过讲授、发布信息等方式宣扬恐怖主义、极端主义的，或者煽动实施恐怖活动的，处五年以下有期徒刑、拘役、管制或者剥夺政治权利，并处罚金；情节严重的，处五年以上有期徒刑，并处罚金或者没收财产。

图书在版编目 (CIP) 数据

告别野蛮生长：自媒体合规运营法律指南 / 武杰，吴迪著. — 北京：中国法制出版社，2022.7

ISBN 978-7-5216-2713-8

Ⅰ. ①告… Ⅱ. ①武… ②吴… Ⅲ. ①网络传播 – 传播媒介 – 运营管理 – 法律 – 研究 – 中国 Ⅳ. ①D922.84

中国版本图书馆CIP数据核字（2022）第094335号

责任编辑：成知博（chengzhibo@zgfzs.com） 封面设计：李 宁

告别野蛮生长：自媒体合规运营法律指南

GAOBIE YEMAN SHENGZHANG: ZIMEITI HEGUI YUNYING FALÜ ZHINAN

著者 / 武 杰 吴 迪

经销 / 新华书店

印刷 / 三河市国英印务有限公司

开本 / 710毫米 × 1000毫米 16开 印张 / 17.5 字数 / 231千

版次 / 2022年7月第1版 2022年7月第1次印刷

中国法制出版社出版

书号ISBN 978-7-5216-2713-8 定价：58.00元

北京市西城区西便门西里甲16号西便门办公区

邮政编码：100053 传真：010-63141600

网址：http://www.zgfzs.com **编辑部电话：010-63141809**

市场营销部电话：010-63141612 **印务部电话：010-63141606**

（如有印装质量问题，请与本社印务部联系。）